Reihe Campus
Band 1032

Der Zürcher Psychoanalytiker und Ethnologe Fritz Morgenthaler entwickelte für seine Traumdeutung ein Konzept der Traumdiagnostik, das auf Freud aufbaut, dessen Lehre aber wesentlich erweitert. In diesem Band ergänzen Protokolle von Traumseminaren mit praktischen Beispielen die theoretischen Ausführungen. Über die erste Auflage schrieb die *Frankfurter Allgemeine:* Morgenthaler, der »der Traumtheorie neue Impulse gab, begriff die Psychoanalyse als gemeinsamen Erlebnisvorgang von Patient und Analytiker. Es kam darauf an, nicht mehr alles verstehen und interpretieren zu können, sondern Tendenzen zu erspüren und im Fortgang der Analyse zu nutzen.«

Fritz Morgenthaler (1919–1984) wurde durch seine ethnopsychoanalytischen Arbeiten und seine Studie *Homosexualität, Heterosexualität, Perversion* weit über die Grenzen der Psychoanalyse hinaus bekannt.

Fritz Morgenthaler

Der Traum

Fragmente zur Theorie und Technik der Traumdeutung

Mit Zeichnungen des Autors

Herausgegeben von Paul Parin, Goldy Parin-Matthèy, Mario Erdheim, Ralf Binswanger und Hans-Jürgen Heinrichs

Campus Verlag
Frankfurt/New York

CIP-Titelaufnahme der Deutschen Bibliothek

Morgenthaler, Fritz:
Der Traum : Fragmente zur Theorie und Technik der Traumdeutung / Fritz Morgenthaler. Mit Zeichn. d. Autors. Hrsg. von Paul Parin ... – Frankfurt/Main ; New York : Campus Verlag, 1990
(Reihe Campus ; Bd. 1032)
ISBN 3-593-34291-X
NE: GT

Erstmals erschienen in der Edition Qumran 1986
Veröffentlicht in der Reihe Campus 1990

Typographie: Fritz Holzmann, Frankfurt/Main
Umschlaggestaltung: Atelier Warminski, Büdingen, unter Verwendung einer Zeichnung von Fritz Morgenthaler
Satz: VA Peter Großhaus, Asslar-Werdorf
Druck und Bindung: Friedrich Pustet, Regensburg
Printed in Germany

Inhalt

Vorbemerkungen
von Paul Parin und Hans-Jürgen Heinrichs 7

Ein Traum als Beweismittel 17

Traumdiagnostik. Zur Bedeutung der formalen
und strukturellen Gesichtspunkte 53

Traumseminar (1964) 89

Positive Übertragung.
Erläuterungen zu einem Traumseminar 139

Traumseminar (Anfang der achtziger Jahre) 149

Zur Traumtechnik Fritz Morgenthalers im Traumseminar
und in der psychoanalytischen Praxis
von Ralf Binswanger 177

Fritz Morgenthaler
und die Entstehung der Ethnopsychoanalyse
von Mario Erdheim 187

Paul Parin und Hans-Jürgen Heinrichs

Vorbemerkungen

Die beiden Aufsätze Fritz Morgenthalers »Traumdiagnostik« und »Der Traum als Beweismittel« sind Teile eines geplanten größeren Werkes. Sie müssen Fragmente bleiben, obwohl jeder Aufsatz für sich eine abgeschlossene Form hat und der erste, bisher unveröffentlichte, den zweiten ergänzt und fortsetzt.

Vom abgeschlossenen Werk wäre eine Antwort auf die Frage zu erwarten gewesen, wie der psychoanalytische Prozeß richtig ablaufen sollte. Fritz Morgenthaler diese Frage zu stellen, war vielfach berechtigt. In seinem Buch *Technik. Die Dialektik der psychoanalytischen Praxis* hatte er gezeigt, daß es in der psychoanalytischen Praxis in erster Linie auf das Erleben, auf die emotionale Bewegung des Analysanden *und* des Analytikers ankommt. In seinen »Traumseminaren« konnte er in einem kunstvoll gestalteten Gruppenprozeß einen unmittelbaren Eindruck von seiner Traumdeutung geben. Am geeigneten Gegenstand, der Traumlehre, wollte er die sich immer wieder neu stellende Frage nach der »richtigen« psychoanalytischen Praxis so weit als möglich beantworten, unmittelbar (an der Darstellung des Prozesses der Traumdeutung) und theoretisch: an Gesetzmäßigkeiten, die Freud nicht mehr entwickelt hatte.

In den beiden Aufsätzen werden, so weit ich es sehe, zumindest zwei grundlegende Einsichten vermittelt. Die erste umschreibt er im Aufsatz »Traumdiagnostik« (S. 59):

»Der analytische Prozeß erfolgt am Erleben [...]. Er orientiert sich an dem, was Analysand und Analytiker erleben.«

Indem der Autor dieser Einsicht konsequent folgt, entwickelt er die Grundlage für eine »Psychologie des Erlebens«. Bisher hat die Psychoanalyse ihren eigenen Anspruch, das seelische Leben ganz zu erfassen, nicht eingelöst.

Die großartige Rekonstruktion der erlebten Vergangenheit, der Aufbau des Ichs und seiner Abwehrorganisation, die sich in der Analyse der Widerstände enthüllte, die immer genauere Kenntnis der »Inneren Objekte« (die Lehre von den Repräsentanzen), das erneute höchst differenzierte Verständnis der Ablösung von den ersten Liebesbindungen bis zur Entwicklung eines »narzißtisch besetzten« Selbst und vieles andere ergaben ein höchst differenziertes begriffliches Gebäude, das geeignet schien, die komplexe und individuell immer wieder unterschiedliche seelische Struktur zutreffend zu erfassen. Die traditionelle psychoanalytische Technik geriet, oft sicher zu Recht, in Verruf: Aus ihrem wichtigsten Instrument, der Analyse der Übertragung, sei ein intellektuelles Unterfangen oder gar ein Machtspiel geworden, um Analysanden in die Theorien ihrer Analytiker einzuordnen. Es mag sein, daß dieser Mangel dazu beigetragen hat, daß sich in den letzten Jahren zahlreiche psychologische Richtungen entwickelt haben, die ganz auf »Erleben« ausgerichtet sind. Scheinbar um die Lücke zu füllen, haben sie die Einsichten der Psychoanalyse ganz oder teilweise verleugnet oder verzerrt, nennen sich Erlebnis-, Gestalt-, Basis-, Urtherapien, manchmal mit dem Zusatz »psychoanalytisch«. Mit dieser Art von Erlebnistherapien und -theorien haben Morgenthalers Untersuchungen nichts zu tun.

Er zeigt, wie das emotionale Geschehen zwischen den beiden Teilnehmern *am psychoanalytischen Prozeß* zu erfassen ist, daß es die »Erweiterung des Bewußtseins« bestimmt. Diese notwendige Ergänzung der Psychoanalyse, ihr theoretischer Ort und ihre praktische Anwendung werden besonders im ersten Aufsatz am Beispiel einer ausführlichen Traumdeutung Freuds dargestellt.

Die zweite Einsicht, die in den vorliegenden Fragmenten vermittelt wird, entspricht ganz dem »Stil« Morgenthalers (»Traumdiagnostik«, S. 55): »Das Vorgehen im analytischen Prozeß kann nicht aus der Metapsychologie abgeleitet werden«. Damit ist keineswegs gemeint, daß der Analytiker auf theoretisches Denken, auf »die Pyramide« der Metapsychologie verzichten soll oder kann. Vielmehr zeigt der Autor in jedem Schritt seiner Ableitungen und Argumentationen, daß er sich so selbstverständlich auf das metapsychologische Gerüst stützen kann, daß er nie Gefahr läuft, sich statt von der emotionalen Bewegung von irgendwelchen theoretischen Überlegungen leiten zu lassen. Die mechanische Anwendung theoretischer Regeln oder das Fehlen theoretischer Klarheit sind oft Ursache dafür, daß der emotionale Austausch im analytischen Prozeß beeinträchtigt wird. Das Mittel, sich in die emotionale Bewegung ganz einzulassen, ist für Morgenthaler nicht der Verzicht auf Theorie, sondern der Verzicht darauf, Regeln und Gesetze auf eine lebendige Beziehung anzuwenden.

P. P.

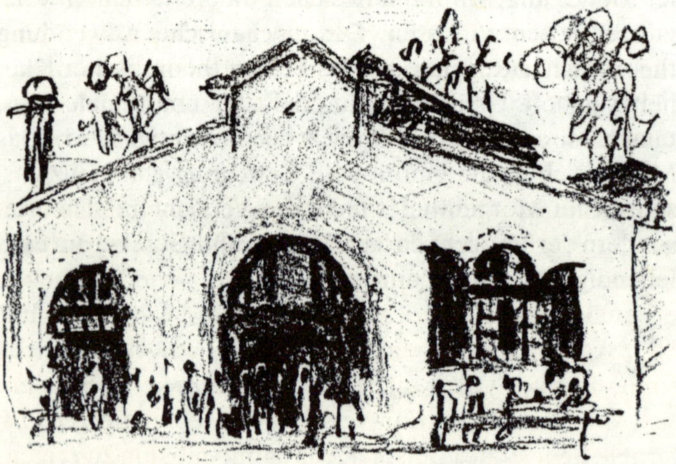

»Ich muß jetzt Freuds *Traumdeutung* noch einmal Wort für Wort lesen, Freuds eigene Träume herauslösen, zusammenfassen, was er an ihnen deutete und was er nicht sah. Auf den Spuren seiner Erkenntnisse und Auslassungen stecke ich den Rahmen ab für das, was mir im psychoanalytischen Umgang mit den Träumen wichtig erscheint.« – Als mir dies Fritz Morgenthaler im Oktober 1984, zwei Tage vor seiner Abreise nach Äthiopien, wo er an einem Herzinfarkt starb, sagte, fühlte ich mich plötzlich in der Rolle, die sonst er einnahm, wenn er hinter dem artikulierten Wunsch ein ganz anderes ungesagtes Begehren vermutete, wenn er Aktivitäten durchschaute, wenn er fragte, »willst du nicht eigentlich etwas anderes?«. Wollte er wirklich die *Traumdeutung* neu lesen? Morgenthaler war kein Philologe, kein passionierter Leser und kein Gelehrter – seine Gedanken entstanden in der Bewegung, auf Reisen und in Gesprächen, sie waren Teil seines Lebens und der Situationen, in denen er sich präsent fühlte. Vielleicht hätte ihm sein Vorhaben, ein Traumbuch zu schreiben, diese textanalytische Arbeit abgenötigt – eine Forderung, die zu dem Projekt, aber nicht zu ihm »gepaßt« hätte. So blieb der Rekurs auf Freuds *Traumdeutung* kursorisch, fragmentarisch wie der gesamte Text.

Morgenthalers theoretische Überlegungen leben von seinen Beispielen; er jonglierte mit Träumen, verband Erfahrenes mit Erfundenem, um Strukturen und Tendenzen des unbewußten Wunsches zu zeigen und wie man damit als Psychoanalytiker umgehen kann – wie ein Jongleur sollte der Analytiker alle Kombinationen kennenlernen, sich keiner Konstruktion verschließen, eben die *Technik* lernen. Sein letztes Beispiel, das er mir gab, um zu zeigen, daß er in erster Linie nicht auf Trauminhalte achtete –

»Die Objektbezüge sind es, die uns im manifesten Traum verirren lassen« –, handelte von einer Analysandin, die ihm nach acht Monaten Analyse einen Traum erzählte, den sie gleich zu Beginn der Analyse hatte. Einige Monate später hatte sie dann erneut diesen Traum und erzählte ihn mit nur einigen Monaten Verzögerung. Dann hatte sie ein drittes Mal denselben Traum, den sie jetzt am folgenden Tag in die Analyse brachte. Da habe er gewußt, daß die Analyse beendet war – und in der Tat änderte sich das Verhältnis der Frau zu ihrer als schizophren behandelten Tochter grundlegend. Sie selbst konnte ihr zwangsneurotisches Verhalten kaum auflösen. Nicht Veränderungen, sondern Wandlungen kann die *talking cure* herbeiführen – das war immer Morgenthalers Vorstellung von der Psychoanalyse. Und solche Wandlungen wollte er in Gang bringen, unter anderem dadurch, daß er im unbewußten Geschehen Tendenzen erkannte, in dem Verhältnis von Traum und seiner Präsentation Bedeutungen herausarbeitete. Die Inhalte selbst wurden dabei sekundär.

Fritz Morgenthalers Umgang mit Träumen ist konventionell und revolutionär zugleich. Zum einen versteht er sich in strikter Folge von Freuds *Traumdeutung*, zum anderen möchte er gerade tun, was bei Freud nur als Hinweis auftaucht: zuerst auf die Begleitumstände jeder Traumerzählung achten, und darauf, wie der Analysand die Situation des Traums und der Erzählung erlebt und wie dies auf den Analytiker wirkt. Morgenthaler geht es um eine *Psychologie des Erlebens,* also nicht nur um inhaltsbezogene Traum*deutung,* sondern auch um Traum*diagnostik,* die ihr Augenmerk auf die *Funktion* des Traumgeschehens lenkt.

Dabei erkennt Morgenthaler die Illusion des freien Assoziierens, als könne der Träumer ganz plötzlich in die

Sphäre des Unbewußten eintauchen. Auch seine Assoziationen gehören seinem bewußten Wahrnehmen an, und der Analytiker wehrt sich gegen den *emotionalen* Zugang zum Traum, wenn er den Träumer auffordert: »Nun assoziieren Sie mal schön!«. Was aber folgert Morgenthaler daraus?

»Eine Traumerzählung in einer Analysestunde ist in erster Linie ein Geschenk des Analysanden an den Analytiker, ein Vorgang, der beiden emotional nahegeht. Der Analytiker muß in der Lage sein, sich emotional auf dieses Geschenk einzulassen und es gleichzeitig zulassen können, daß er zunächst gar nicht versteht, was da geschieht.«

Davor hat Morgenthaler nie Angst gehabt. Nicht alles gleich verstehen zu wollen, Fremdheiten anzuerkennen und sich dem Neuen zu überlassen, das zeichnete ihn ebenso als Psychoanalytiker wie als Ethnologen aus.

Morgenthaler setzt an die Stelle des »Assoziierenlassens« die Konzentration auf alles, was der Traumerzählung vorausging, was sie begleitet und ihr folgt – und darin muß sich der Analytiker wiederfinden, die Art und Weise erkennen, in der er vom Analysanden gesehen und »verarbeitet« wird.

Morgenthalers Traumseminare lehren den Analytiker den Griff nach den Sternen – nie ist das Nächstliegende das, was der Traum sagen will – und das Sich-Begrenzen, die Bescheidenheit: »Ich weiß (an diesem Punkt der Deutung) nicht, was mit der Angst ist. Seien wir doch bescheiden darin. Warum müssen wir jetzt unbedingt wissen, ob die Angst groß ist oder klein...« Und an anderer Stelle, wo es um die Frage geht, ob der Patient ein »manifest Homosexueller« sei: »Wir müssen ja das nicht unbedingt herausfinden.«

Morgenthaler wurde nie müde zu betonen, daß »was

bewußt ist, nicht unbewußt sein kann«. Nicht aus den bewußten Inhalten also, sondern aus den *formalen* Gesichtspunkten läßt sich die *Dynamik* des Traumgeschehens entziffern. Um der Verlockung der inhaltsbezogenen Traumdeutung zu entgehen, gebrauchte Morgenthaler in seinen Traumseminaren zum Beispiel das Bild von dem Umzug in eine andere Wohnung, wo man ja auch nicht die Bilder aufhängen und die Kleider einräumen kann, bevor man Straße, Hausnummer und Stockwerk der neuen Wohnung kennt.

Der Analysand *bringt* dem Analytiker Träume und macht im analytischen Prozeß neue emotionale Erfahrungen; der Analytiker muß die Träume in den analytischen Prozeß integrieren – wissend, wie wichtig dieser »Übertragungsbezug« ist: daß der Patient gerade diesen und nicht einen anderen Traum jetzt »bringt«.

Wer keinen Analytiker hat, dem er Träume zum Geschenk machen kann, sieht erst einmal die Felle (Inhalte, Assoziationen, frühkindliche Erinnerungen) davonschwimmen, der eigenen Träume beraubt.

Morgenthaler fällt zu jedem Traum so viel ein, daß er es sich beständig leisten kann, Einfälle an einem Punkt abzubrechen, »absurde« Phantasien zuzulassen, ja zu evozieren – immer auf der Spur des Konträren, des scheinbar Abwegigen, Unwahrscheinlichen, Unlogischen: »Übrigens hat diese Frau ihre ganzen Hemmungen in diesen Traum hineingelegt, sonst könnte sie ihn nicht so schön bringen. Man hätte ihr sagen können: ›Wenn Sie einen Traum gehabt hätten, in dem keine Hemmungen wären, dann hätten Sie ihn sicher vergessen, und hätten ihn mir nicht so schön erzählen können. Das, was Sie hemmt, haben Sie im Traum versorgt und können ihn darum frei erzählen‹.«

Wie in einer symphonischen Komposition läuft in Morgenthalers Traumseminaren, vor allem in dem letzten, alles auf eine Reprise – das Vorführen des durchgearbeiteten Materials – hinaus: folgerichtig, evident und darin ästhetisch. Zugleich hat der Prozeß etwas von der Strenge des naturwissenschaftlichen Verfahrens, beim Erstellen einer Gleichung oder Formel, in die am Ende auch die Inhalte eingehen und ihren Stellenwert zeigen.

Es gibt eine Evidenz in Morgenthalers Umgang mit Träumen, der man entweder abwehrend gegenübersteht oder die wie ein Sog wirkt. Nach Freud hat nie wieder ein Psychoanalytiker eine solche Sicherheit beim Begehen des »Königswegs zum Unbewußten« gezeigt. Im Vortrag (ob in deutsch, englisch oder italienisch) vermochte er diese Fähigkeit noch zu steigern, und selbst die erfahrensten Analytiker verwandelten ihre professionelle Haltung des Wissenden in eine der Neugierde und des Lernenwollens.

Dabei blieb für mich immer offen, wie weit dieser Umgang mit Träumen lehr- und lernbar ist. Ohne den schon zu sehr strapazierten Begriff der Intuition noch einmal heranziehen zu wollen, erinnere ich mich doch, wie viele äußerten: »bei aller Evidenz – darauf wäre ich nicht gekommen, und wie *er* denn darauf gekommen sei!« – »Kommst Du draus?« war denn auch eine von Morgenthalers beliebten Zwischenfragen, im Fluß seiner Rede.

Ich selbst hatte oft das Gefühl, daß sich unsere Deutungen, aus gänzlich verschiedenen Richtungen kommend, manchmal in wundersamer Weise trafen oder aber verfehlten, ohne daß ich je eine Ahnung entwickeln konnte, wie es ausgehen würde. Versuchte ich von ihm zu lernen, fühlte ich mich sehr schnell auf verlorenem Posten, auch liebte er mich viel mehr (und ich mich selbst auch), wenn ich *von mir* zu ihm redete. Eigentlich erstaunte mich immer die »ungeheure« didaktische Fähigkeit, die ihm alle nachsagten, die je an einem seiner Traumseminare teilgenommen hatten. Es gab da eine eigenartige Diskrepanz in seiner Erscheinung: als Lehrer und Kollege, den alle fast voraussetzungslos akzeptierten und bewunderten, und als Privatperson, dessen Sicherheit im Verstehen und Reden so viele brüskierte oder lähmte, unfähig machte, *von sich* zu ihm zu sprechen. So lernten sie nie den traurigen, seinen unerfüllten Wünschen nachschauenden, tief verunsicherten Mann kennen, der nicht alt werden wollte, nein, nicht so, wie es jedem geht, nein, *auf den Tod nicht*.

H.-J. H.

Fritz Morgenthaler

Ein Traum als Beweismittel

Im Anschluß an die Publikation des »Traumdiagnostik«-Textes begann Fritz Morgenthaler mit der Ausarbeitung des Aufsatzes »Ein Traum als Beweismittel«. Seine im September 1984 abgeschlossene Fassung wurde noch weitgehend zusammen mit Hans-Jürgen Heinrichs redigiert.

Als Sigmund Freud um die Jahrhundertwende die Traumdeutung entdeckte, diente ihm der Traum in erster Linie zur Bestätigung seiner Auffassung vom Unbewußten, der Verdrängung und der vom Es ausgehenden Triebregungen.

Der Traum in seiner Entstehung, seiner Struktur und Deutbarkeit wurde zum Beweismittel für die Richtigkeit der grundlegenden psychoanalytischen Gesetzmäßigkeiten. Indem Freud erkannte, daß hinter dem manifesten Trauminhalt immer ein versteckter, dem Bewußtsein zunächst nicht zugänglicher, latenter Inhalt aufzufinden ist, war seine These belegt, daß neben dem Bewußten das Unbewußte existiert, eine Überzeugung, die er bereits bei der Hypnose und beim Studium der Hysterie gewonnen hatte. Da jeder Traum zu einer unbewußten Wunscherfüllung drängt und in einer überwiegenden Mehrzahl der Träume auch eine solche erreicht – eine halluzinatorische, fügt er hinzu, wenn er den Traum als »vorübergehende Psychose des Gesunden« bezeichnet –, schreibt er den unbewußten Triebregungen, die befriedigt werden müssen, die Funktion des eigentlichen Motors zur Traumbildung zu.

Als Freud im Sommer 1932 in Wien die Revision der Traumlehre als erstes Kapitel der neuen Folge der Vorlesungen zur Einführung in die Psychoanalyse schrieb, war für ihn die Traumlehre noch immer »das Kennzeichnendste und Eigentümlichste der jungen Wissenschaft«. Er schreibt: »Die Fremdartigkeit der Behauptungen, die sie aufstellen mußte, hat ihr die Rolle eines Schiboleth verliehen, dessen Anwendung entschied, wer ein Anhänger der Psychoanalyse werden konnte und wem sie endgültig unfaßbar blieb. [...] So oft ich auch an der Richtigkeit meiner schwankenden Erkenntnisse zu zweifeln begann, wenn es mir gelungen war, einen sinnlos verworrenen Traum in einen korrekten und begreiflichen seelischen Vorgang beim Träumer umzusetzen, erneuerte sich meine Zuversicht, auf der richtigen Spur zu sein«.

Ich beabsichtige, einen Schritt weiterzugehen und mich nicht darauf zu beschränken, mit der Traumdeutung die Erkenntnisse der Psychoanalyse zu bestätigen. Ich will vielmehr Erkenntnisse der psychoanalytischen Forschung, die unabhängig von der Traumlehre gewonnen wurden, auf Traumbildung, Traumstruktur und Traumdeutung anwenden. Die eine Gruppe dieser Erkenntnisse stammt aus der Erforschung der Ichpsychologie, die die eigentliche Strukturtheorie der Psychoanalyse darstellt. Aus ihr haben wir erfahren, daß alles, was organisiert und strukturiert ist, dem Ich und nicht dem Es angehört. So nehmen die Ichfunktionen, die den Umgang mit den Trieben und der Umwelt steuern, im psychoanalytischen Denken einen mindestens ebenso großen Raum ein, wie die psychischen Vorstellungen. Obschon alles, was organisiert und strukturiert ist (also eine Funktion hat), seine Herkunft aus dem Entwicklungsgeschehen herleitet, ist das Ergebnis der Organisation und Struktur schließlich relativ festgefügt. Alles was das Ich ausmacht hat eine bestimmte formale Determinierung. Für das Verständnis dessen, was das Ich mit den Triebregungen anstellt, sind formale und strukturelle Gesichtspunkte ganz allgemein von großer Bedeutung.

Eine andere Erkenntnis der psychoanalytischen Forschung, die unabhängig von der Traumlehre gewonnen wurde, bezieht sich auf die Übertragung, die sich im Laufe der analytischen Kur beim Analysanden und beim

Analytiker entwickelt. Ganz abgesehen davon, daß der analytische Prozeß an der Bearbeitung der Übertragung abläuft, sind alle Gefühlsregungen, Vorstellungen und Handlungen beider Beteiligten, also des Analysanden und des Analytikers, niemals zufällig, irrelevant oder sinnlos. Darüber besteht kein Zweifel, seitdem wir Psychoanalyse betreiben. Wir fragen auch nicht mehr, ob es ein Unbewußtes gibt oder nicht. Diskussionslos gilt: Das Unbewußte ist dauernd wirksam. Wir haben es nicht mehr nötig, Beweise heranzutragen, um diese These zu bestätigen.

Ich wende mich einem anderen Gesichtspunkt zu und sage, daß alle Gefühlsregungen, Vorstellungen und Handlungen immer einen formalen und strukturellen Aspekt zum Ausdruck bringen, der für das psychoanalytische Verständnis seelischer Vorgänge, welcher Art sie auch seien, von Bedeutung ist. Das ist keineswegs neu und findet sich auch im gesamten Werk Sigmund Freuds. Was ich beabsichtige ist, diesem Aspekt bei der Traumentstehung, der Traumarbeit, der Traumstruktur und bei der Traumdeutung Priorität einzuräumen.

»Ein Traum als Beweismittel«

Ich will an einem Beispiel zeigen, was ich damit meine. Der Traum, den ich analysiere, stammt aus der Traumlehre Freuds und wurde 1913 erstmals unter dem Titel »Ein Traum als Beweismittel« (GW, 1913, Bd. 10, S. 11–22) veröffentlicht.

Freud hatte damals eine Dame in Analyse, die an Zweifelsucht und Zwangszeremoniell litt. Der Ehemann war verreist. Beim Abschied hatte er seine kranke Frau in die

Obhut einer Pflegerin gegeben, von der er viel hielt. Diese Pflegerin hatte ihm versprochen, auf seine Frau wie auf ein Kind achtzugeben. Die Dame selbst verlangte von ihrer Pflegerin, sie keinen Moment aus den Augen zu lassen, weil sie sonst zu grübeln begänne, was sie in dem unbewachten Zeitraum Unerlaubtes getan haben könnte.

An einem Freitagabend glaubte sie, als sie sich auf einem Diwan ausruhte, zu bemerken, daß die diensthabende Pflegerin eingeschlafen war. Sie fragte: »Haben Sie mich gesehen?« Die Pflegerin fuhr auf und antwortete: »Ja, gewiß«. Die kranke Dame hatte nun Grund zu einem neuen Zweifel und wiederholte nach einer Weile dieselbe Frage. Die Pflegerin beteuerte von neuem, sie beobachtet zu haben. In diesem Augenblick brachte eine andere Dienstbotin das Abendessen.

Am nächsten Morgen erzählte die Pflegerin der Dame folgenden Traum:

Man hat mir ein Kind gegeben, die Mutter ist abgereist, und ich habe das Kind verloren. Ich frage unterwegs die Leute auf der Straße, ob sie das Kind gesehen haben. Dann komme ich an ein großes Wasser, gehe über einen schmalen Steg. Nachtrag: (... auf welchem plötzlich eine andere Pflegerin wie eine Fata Morgana vor mir aufgetaucht ist.)

Dann bin ich in einer mir bekannten Gegend und treffe dort eine Frau, die ich als Mädchen gekannt habe und die damals Verkäuferin in einem Lebensmittelgeschäft war, später aber geheiratet hat. Ich frage die vor ihrer Türe stehende Frau: »Haben Sie mein Kind gesehen?« Die Frau interessiert sich aber nicht für diese Frage, sondern erzählt mir, daß sie jetzt von ihrem Mann geschieden sei, wobei sie hinzufügt, daß es auch in der Ehe nicht immer glücklich gehe. Dann bin ich beruhigt aufgewacht und habe mir gedacht, das Kind wird sich schon bei einer Nachbarin finden.

Diesen Traum ihrer Pflegerin erzählte die zwangsneurotische Dame Freud in der Analysenstunde. Sie fügte auch gleich hinzu, daß sie den Traum selber gedeutet habe. Sie habe angenommen, daß sich der Traum auf das von der Pflegerin geleugnete Einschlafen bezog. Die Dame berichtete Freud weiter, die Träumerin habe am Tage nach dem Vorfall und der Traumerzählung heftig geweint und auf ihre Frage nach den Gründen recht barsch geantwortet: »Das wissen Sie so gut wie ich, und jetzt werden Sie kein Vertrauen mehr zu mir haben.«

Aus dem Bericht Freuds geht hervor, daß in der Traumerzählung die Episode ausgelassen worden war, in welcher auf dem schmalen Steg plötzlich eine andere Pflegerin wie eine Fata Morgana aufgetaucht ist. Diese Lücke in der Traumerzählung ergab sich aus dem Nachtrag, den die Träumerin oder vielleicht auch die Dame, als sie Freud den Traum berichtet hatte, im Zuge des Gesprächs über den Traum vorbrachte. Freud weist darauf hin, daß das Phänomen dieses Nachtrags von besonderer Deutlichkeit war und schreibt, daß man »der Dame hätte raten müssen, die Traumdeutung an diesem Punkte zu beginnen. Diese erste Hälfte des Traumes war nach dem Bericht der Träumerin auch von heftigster Angst erfüllt, im zweiten bereitet sich die Beruhigung vor, mit welcher sie erwacht.«

Für mich ist es wichtig hervorzuheben, daß wir nichts darüber erfahren, in welchem Zusammenhang dieser Nachtrag erzählt wurde. Wir erfahren aber aus einer Fußnote Freuds, daß gerade bezüglich der ausgelassenen Traumepisode eine Verwirrung in bezug auf die Rolle entstanden war, die diese Fata Morgana-Pflegerin gespielt hatte. In seiner Fußnote macht nun Freud selber einen Nachtrag und erwähnt, daß er »die Verdichtung des Materials, die er sich zu Schulden kommen ließ, bei einer Revision der Niederschrift von der referierenden Dame korrigieren konnte«. Daraus ergibt sich für mich der unzweifelhafte Schluß, daß sich Freud unbewußt mit der Träumerin identifiziert hatte. Beide hatten etwas ausgelassen und danach ergänzt.

Auf den gleichen Seiten seines Berichts gibt Freud Anweisungen, die er bei der Bearbeitung dieses Traums nicht berücksichtigt hat: »Wie so oft bei der Traumdeutung in der Psychoanalyse, kommen für die Übersetzung des Traumes nicht allein die Ergebnisse der Assoziation in Betracht, sondern auch die Begleitumstände der Traumerzählung, das Benehmen des Träumers vor und nach der Traumanalyse sowie alles, was er ungefähr gleichzeitig mit dem Traum – in derselben Stunde der Behandlung – äußert und verrät.«

Ich frage: Welches sind die Begleitumstände der Traumerzählung? Der augenfälligste Begleitumstand liegt in der Tatsache, daß es sich um zwei Traumerzählungen handelt. Die Träumerin erzählt ihren Traum der Dame, und die zwangsneurotische Dame erzählt den Traum der Pflegerin ihrem Analytiker. Sie selbst hat keinen Traum gehabt. Sie bedient sich des Traums ihrer Pflegerin, um ihrem Analytiker einen Traum bringen zu können. Dabei identifiziert sie sich mit Freud und führt ihm eine Traumdeutung vor, als wäre sie selbst Freud. Auf diese Weise gelingt es ihr, ihm in besonderer Weise zu gefallen und sein Interesse an ihr zu wecken. Daraus folgt, daß die Begleitumstände der vorgetragenen Traumerzählung übertragungsbedingt sind. Wir können sagen, die Dame schmücke sich mit fremden Federn und werbe um die Liebeszuwendung Freuds, von dem sie unbewußt annimmt, er würde sie gering schätzen, weil ihr etwas fehle, was eine andere Frau hat. Was ihr fehlt ist zunächst der eigene Traum, den sie sich von einer anderen Frau aneignet.

Betrachten wir jetzt die Begleitumstände der Traumerzählung, die die Träumerin der Dame darbietet. Da ausdrücklich betont wurde, daß die Pflegerin ihre Vorgesetzte »keinen Moment aus den Augen lassen dürfe«, wird der Umstand bedeutsam, daß die Dame offenbar regelmäßig ihren Analytiker aufsuchte. Wahrscheinlich wußte das die Pflegerin. Selbst wenn wir annehmen, die Dame hätte ihre Analyse vor ihren Dienstboten verschwiegen, hätte die träumende Pflegerin gewußt, daß die Dame, die sie nicht aus den Augen lassen durfte, sich ihr immer wieder entzog, wenn sie das Haus verließ, um zum Analytiker zu gehen. Die Dame sagte selber, daß sie in solch unbewachten Zeiträumen ins Grübeln über das Unerlaubte, das sie getan haben konnte, geriet. Es erscheint mir offensichtlich, daß sich dieses Unerlaubte auf die Analyse bezog und im besonderen mit ihren Liebeswünschen in der Übertragung zu tun hatte.

An jenem Freitagabend, als die Dame ihre Pflegerin ertappte, als diese eingeschlafen war, hatte sich die Situation umgekehrt. Jetzt hatte sich nicht die Dame dem Blick ihrer Pflegerin entzogen, wie sie es immer tat, wenn sie in Analyse ging, sondern die Pflegerin hatte sich durch ihr Einschlafen der Dame entzogen. Die Pflegerin hatte sich demnach mit ihrer Vorgesetzten identifiziert. Umgekehrt hatte die Dame nun ihrerseits die Pflegerin nicht aus den Augen gelassen und ihr zweimal zugerufen »Haben Sie mich gesehen?« Also hatte sie sich ihrerseits unbewußt mit der Pflegerin identifiziert. Bewußt war sie überzeugt davon, daß die Pflegerin sie angelogen hatte, als sie zur

Antwort gab »ja gewiß«, und hatte ihr deshalb ein zweites Mal dieselbe Frage gestellt. In diesem Augenblick trat eine zweite Dienstbotin ins Zimmer und brachte das Abendessen.

Damit war die Szene beendet, und wir dürfen annehmen, daß sich beide an den Tisch gesetzt und das Abendessen eingenommen haben. Ich behaupte nun, daß der Tagesrest des Traums, um den es in dieser Abhandlung geht, in dem Umstand zu finden ist, daß die zweite Dienstbotin das Zimmer betrat und das Abendessen brachte.

Wie kann ich sagen, daß gerade darin der Tagesrest des Traums lag? Da kommt ein Außenstehender in einem kritischen Augenblick des Ertappenwollens und des Sichrausredenwollens und bringt etwas: das Abendessen. Dame und Pflegerin haben sich mit der Küchendienstbotin identifiziert, denn anderntags brachte die Pflegerin der Dame ihren Traum, wie das Küchenmädchen das Abendessen, und einige Tage später brachte die Dame das *Traumfressen* ins Konsultationszimmer Freuds. Im Tagesrest liegt die Bewegung der Handlung, die identifikatorisch übernommen wird, wenn der Traum in der Folge zweimal wie im Stafettenlauf erzählt und weiterberichtet wird.

Wir müssen an dieser Stelle noch einen Schritt weitergehen und die Identifikationen ernst nehmen, die im Unbewußten der Dame, ihrer Pflegerin, und, wie wir bereits gesehen haben, auch im Unbewußten Freuds wirksam waren. Die Dame ertappte ihre Pflegerin und brachte Freud mit ihrer Traumdeutung den Beweis für die Richtigkeit ihrer Annahme. Als ihr die Pflegerin den Traum erzählte, hatte diese selbst halbwegs zugegeben, daß sie befürchtete, das Vertrauen ihrer Schutzbefohlenen verloren zu haben. Aus einer Fußnote Freuds geht hervor, daß die Pflegerin einige Tage später einer dritten Person mitgeteilt hatte, daß sie eingeschlafen sei. Freud fügt hinzu, daß damit die Deutung der Dame, daß sich der Traum auf das Einschlafen beziehe, gerechtfertigt sei.

Ich meine nun, die Pflegerin habe mit ihrem Traum in Tat und Wahrheit die Dame ertappt, indem sie deren unbewußte Wünsche auf dem Wege der Identifikation im Traumgeschehen darstellte. Ahnungslos ist die Dame von ihrer Pflegerin verführt worden, das ganze Material ihrem Analytiker in den Schoß zu legen.

An dieser Stelle will ich den Begriff der *Traumdiagnostik* einführen, um zu zeigen, daß Traum*deutung* und Traum*diagnose* zwei voneinander zu trennende Betrachtungen sind. Die Patientin, die den Traum ihrer Pflegerin richtig deutete, und Freud, der die Traumdeutung tiefsinnig erweiterte und auf den unbewußten Wunsch der Träumerin, selbst ein Kind haben zu wollen, gestoßen ist, haben unabhängig von traumdiagnostischen Überlegungen, rein inhaltsbezogene Traumdeutung betrieben. Eine traumdiagnostische Betrachtung richtet zunächst die Aufmerksamkeit auf die Funktion des Traumgeschehens und stellt fest, daß es sich im vorliegenden Traumbeispiel um einen Delegationstraum handelt.

Die Delegation und der Wunsch

Das Phänomen der Delegation ist den Psychoanalytikern aus ihrer Arbeit gut bekannt. Einer meiner Analysanden hatte mir berichtet, sein Vater habe ihm erzählt, daß ein Freund der Familie aus eigener Erfahrung überzeugt sei, eine Analyse sei in jedem Fall gefährlich und schade dem guten Einvernehmen aller Familienmitglieder. Mein Patient lachte über die Befürchtungen seines Vaters und meinte, sein Vater sei besorgt, weil er bemerkt habe, daß er, der Analysand, sich verändert habe. Ich hatte die Veränderung meines Patienten wohl bemerkt. Einige Zeit zuvor hatte er begonnen, verspätet zur Stunde zu kommen, begrüßte mich mit der Zigarette im Mund und mit der linken Hand in der Hosentasche. Sein Benehmen hatte arrogante Züge. Er belästigte auch andere Patienten im Wartezimmer, die zu meinem Kollegen gingen. Mit seinem Verhalten schien er geradezu die Befürchtungen des Familienfreundes zu bestätigen. Ich deutete ihm das, woraufhin er beleidigt war und schwieg. Ich sagte ihm, daß er seit einiger Zeit der Analyse ausweiche und mir mit seinem Verhalten vorführe, wie unfähig ich sei, mit ihm zu arbeiten. Statt sich mit mir auseinanderzusetzen und seine Kritik und Wut über mich auszusprechen, habe er seine Angehörigen dazu provoziert, die Kritik und Befürchtungen, die er selber habe, auszudrücken. Er habe seine Probleme an andere delegiert und sie selber verdrängt. In dieser Weise bin ich den Übertragungswiderstand des Patienten angegangen, was dazu führte, daß sich eine lange Debatte entwickelte, in der der Patient allmählich erkannte, daß er sich gehemmt fühlte, über seine Sexualität zu sprechen und seine Exhibitionshemmung durch das beschriebene Imponierverhalten verleugnete.

Mit dieser kurzen Falldarstellung wollte ich ein Beispiel aus der psychoanalytischen Praxis heranziehen, das mit Traumdeutung nichts zu tun hat. Das Beispiel illustriert eine Gesetzmäßigkeit, die sich aus der psychoanalytischen Praxis ergibt, daß sich nämlich Delegationen, die unbewußt auf Drittpersonen erfolgen, gewöhnlich auf einen Übertragungswiderstand und eine Exhibitionsproblematik zurückführen lassen.

Um nun wieder auf unser Traumbeispiel zurückzukommen, stelle ich fest, daß die zwangsneurotische Dame, die bei Freud in Analyse stand, den Delegationstraum ihrer Pflegerin benutzte, um ihren Übertragungswiderstand zu festigen und ihre unbewußte Exhibitionshemmung dadurch zu verdrängen, daß sie in einer rationalisierenden Weise mit ihrer Traumdeutung Freud nachahmte, was soviel heißt, daß sie sich ihm nur im Gewand des großen Meisters zeigen konnte.

Wenn wir uns nun den Inhalten zuwenden und den Assoziationen folgen, die, nach den Aussagen der Dame, die Träumerin nach ihrer Traumerzählung hatte, werden wir den traumdiagnostischen Schluß, daß es sich um eine Delegation handelt, nicht aus den Augen verlieren. »Die Pflegerin sagt, bei dem Kind im Traume denke sie an eine Pflege eines an Augenentzündung erkrankten Kindes, das nicht sehen konnte. Von dieser Pflege war die Pflegerin außerordentlich befriedigt. Die Mutter des Kindes reiste aber nicht ab, wie im Traum, sondern beteiligte sich an der Pflege. Dagegen weiß ich – fuhr die Dame fort – daß mein Mann mich der Pflegerin übergeben hatte, als er abreiste und sie ihm versprach, auf mich zu achten, wie auf ein Kind.«

Daraus geht hervor, daß mit dem Kind die Patientin Freuds gemeint war. Sie konnte nicht sehen, was der Traum ihrer Pflegerin über ihr eigenes Unbewußte aussagte. Die Pflege des Kindes ist eine Delegation. Damit ist unbewußt zum Ausdruck gebracht worden, daß die Dame bei Freud in Pflege war und daß Freud sich über diese Aufgabe außerordentlich befriedigt fühlen sollte. Die Abreise der Mutter im Traum wurde assoziativ von der Dame selbst mit der Abreise ihres Mannes in Verbindung gebracht. Folglich war die Pflegerin allein für das Kind verantwortlich. Da die Pflegerin die Stelle Freuds einnahm, sollte Freud nun allein und unbeobachtet mit seiner Patientin sein. An dieser Stelle machte die Pflegerin aber einen Einwand und sagte: »Die Mutter dieses Kindes reiste nicht ab, sie nahm an der Pflege teil«. Damit brachte sie unbewußt zum Ausdruck, daß sie mit ihrem Traum an der Pflege, das heißt an der Analyse der Dame teilnahm, was ja auch in Wirklichkeit zutraf, brachte die Patientin doch den Traum ihrer Pflegerin als analytisches Material in die Analysenstunde.

In seiner Traumdeutung beschränkt sich Freud darauf, aus den bisherigen Mitteilungen der Dame zu schließen, daß sie sich selbst in die Kindheit zurückversetzt hat. »Sie hat das Kind verloren«, fuhr sie fort, »heißt, sie hat mich nicht gesehen, hat mich aus den Augen verloren. Das ist ihr Geständnis, daß sie wirklich eine Weile geschlafen und mir dann nicht die Wahrheit gesagt hat.« Etwa drei Seiten später, auf deren Inhalt ich jetzt nicht eingehen will, greift Freud diese Mitteilung seiner Patientin wieder auf: »Ich glaube, wir werden der Dame zugestehen müssen, daß sie den Traum ihrer Pflegerin richtig gedeutet und verwertet hat« und etwas später »... so werden wir das Urteil (der Dame) bestätigen, der Traum enthalte das Geständnis, daß sie damals, als sie es ableugnete, wirklich eingenickt sei und darum fürchtete, von ihrem Pflegekind weggeschickt zu werden«.

Freud geht dann auch auf die Frage ein, wie der Traum, der doch der Wunscherfüllung dienen soll, dazu kommt, ein Geständnis zu ersetzen, welches für die Träumerin nicht einmal vorteilhaft ist. Er schreibt: »Sollen wir uns wirklich veranlaßt finden, außer den Wunsch (und Angst-) Träumen auch Geständnisträume zuzugeben, sowie Warnungsträume, Reflexionsträume, Anpassungsträume u. dgl.?« Freud war seit den Anfängen seiner Traumlehre gegen eine derartige Klassifizierung und bestand darauf, daß der wesentliche Faktor der Traumbildung ein unbewußter Wunsch ist. Er schreibt: »Dieses unbewußten Wunsches Erfüllung ist jedesmal der Traum, mag er sonst was immer enthalten, Warnung, Überlegung, Geständnis und was sonst aus dem reichen Inhalt des vorbewußten Wachlebens unerledigt in die Nacht hineinragt.«

Es ist eindrücklich, wie Freud uns hier den Weg weist, wie wir in der Traumdeutung vorgehen müssen und daß wir uns nicht ablenken lassen dürfen von bewußten Rationalisierungen, die uns durch die Traumerzählung und die Assoziationen vorgetragen werden. Freud läßt sich auch keineswegs beirren und entwickelt danach, wie sich aus dem Assoziationsmaterial der Träumerin der unbewußte Wunsch ableiten läßt.

Ich will nun in verkürzter Form darstellen, wie Freud vorgegangen ist, und besonders hervorheben, wie er seine Intuition an thematischen und nicht an funktionellen Zusammenhängen konkretisiert. Er schreibt: »Es muß auffallen, daß einiges Material, welches die Pflegerin verwendet, aus dem Komplex des Gebärens, Kinderhabens kommt. [...] Der enge Steg, auf dem ihr die Erscheinung entgegentritt, ist sehr wahrscheinlich als ein Genitalsymbol zu deuten, wenngleich ich gestehen muß, daß dessen genauere Erkenntnis noch aussteht.«

Der Wunsch: ich will ein Kind haben, scheint also der Traumbildner aus dem Unbewußten zu sein, und kein anderer scheint besser geeignet, die Pflegerin über die peinliche Situation der Realität zu trösten. »Man wird mich wegschicken, ich werde mein Pflegekind verlieren. Was liegt daran? Ich werde mir dafür ein eigenes, leibliches verschaffen.« Vielleicht gehört die ungedeutete Stelle, daß sie alle Leute auf der Straße nach dem Kind fragt, in diesen Zusammenhang; sie wäre dann zu übersetzen: und müßte ich mich auf der Straße anbieten, ich werde mir das Kind zu verschaffen wissen. Ein bisher verdeckter Trotz der Träumerin wird hier plötzlich laut, und zu diesem paßt erst das Geständnis: »Also gut, ich habe die Augen zugemacht und meine Verläßlichkeit als Pflegerin kompromittiert, ich werde jetzt die Stelle verlieren. [...] Ich bleibe überhaupt nicht Pflegerin, ich will heiraten, Weib sein, ein leiblich Kind haben, daran lasse ich mich nicht hindern.«

Der Übertragungskonflikt

Der Sinn meiner Ausführungen ist es, an einem Traumbeispiel der Traumlehre Freuds zu zeigen, wie ich in der Traumdeutung die funktionellen Zusammenhänge konkretisiere. Die Begleitumstände der beiden Traumerzählungen (der Pflegerin und der Patientin) hatten uns gezeigt, daß es sich um einen delegierten Traum handelte. Die Patientin hatte selbst keinen eigenen Traum und nahm der Pflegerin gleichsam deren Traum weg, um ihn nun in ihrer eigenen Analyse samt der zugehörigen Traumdeutung Freud zu bringen. Da die Traumarbeit, wie Freud immer wieder unterstrichen hat, Verdichtungen und Überdeterminierungen verwendet, ist das Kind im manifesten Traumbild nicht nur die Dame, sondern ein Sinnbild für den Traum selbst. Das ist so, weil es der Realität entspricht.

Der Traum beginnt: Man hat mir ein Kind, also einen Traum gegeben, die Mutter (also die, die das Kind geboren hat, was übersetzt heißt: die die Träumerin veranlaßte zu träumen) ist abgereist, also in ihre Analysenstunde zu Freud gegangen, und ich habe das Kind, also den Traum verloren, weil die Dame ihn mitgenommen hat und so zu ihrem eigenen Kind, zu ihrem Traum gemacht hat. Das Ende des Traums ist in diesem Zusammenhang besonders aufschlußreich: Dann wache ich beruhigt auf und denke mir, das Kind, also mein Traum, wird sich schon bei einer Nachbarin, also bei Freud, finden.

Träume, in denen ein Bestandteil des manifesten Traumbilds das Sinnbild für den Traum selbst darstellt, die also wie eine russische Puppe gebaut sind, in der eine kleine gleichartige Puppe in der großen sitzt, lassen erfahrungsgemäß – und wie könnte es anders sein – erkennen, daß sich die träumende Person unbewußt bereits im Wachzustand vor dem Einschlafen in einer Erwartungsstimmung befand. Die Pflegerin hatte eben in einer Stimmungsübertragung unbewußt die Forderung ihrer Vorgesetzten wahrgenommen, ihr in dieser Nacht mit diesem und keinem anderen Traum zu Hilfe zu kommen, damit sie dann mit diesem delegierten Traum als Waffe in der Hand in ihre nächste Analysenstunde gehen konnte, ohne der Gefahr ausgeliefert zu sein, sich ihrer sexuellen Liebeswünsche Freud gegenüber bewußt zu werden, von dem sie sich ein Kind holen wollte. Statt von Freud das Kind, hat sie sich von ihrer Pflegerin den Traum geholt.

Freuds Deutung paßt wie ein Mosaikstein in die funktionellen Zusammenhänge hinein und deckt den Übertragungswiderstand auf, in dem sich die Patientin befand. Wir müssen auf die Patientin nur anwenden, was Freud über die latenten Traumgedanken sagt: »Ein bisher verdeckter Trotz der Träumerin wird hier plötzlich laut, und zu diesem paßt erst das Geständnis«. Auf die unbewußten Regungen der Analysandin ausgerichtet, heißt das, daß sie trotzig ihrem Analytiker die Schuld dafür zuschreibt, sich des Traumes einer Drittperson bedienen zu müssen. Das Geständnis, das sie dabei macht, heißt »Sehen Sie, ich habe selbst keinen Traum zustande gebracht«.

Übersetzen wir nun Freuds Schlußfolgerungen auf die unbewußten Wünsche der Analysandin: »Also gut, ich habe die Augen zugemacht und meine Verläßlichkeit als Pflegerin kompromittiert, ich werde jetzt die Stelle verlieren«. Das heißt: Also gut, ich will nicht sehen, welche Liebeswünsche ich meinem Analytiker entgegenbringe. Da ich sie aber habe, ist meine Verläßlichkeit als Analysandin kompromittiert. Würde das herauskommen, wäre mein Analytiker so enttäuscht von mir, daß er mich wegschickte. Im Grunde genommen aber bin ich an ihm enttäuscht und will überhaupt nicht Analysandin bleiben: »...ich will (den Analytiker) heiraten, Weib sein, ein leibliches Kind (von ihm) haben, daran lasse ich mich nicht hindern«. Obschon Freud nichts über den Analyseverlauf aussagt und wir auch keine Anhaltspunkte haben, um darüber etwas aussagen zu können, möchte ich nun zeigen, wie es möglich ist, aus dem weiteren Material, das die Dame Freud über die Vorgeschichte der Pflegerin mitteilt, Aufschluß über den Übertragungskonflikt zu bekommen.

Die Träumerin wollte, ehe sie Pflegerin wurde, einen Mann heiraten, der sich eifrig um sie bemühte, verzichtete aber wegen des Einspruchs einer Tante, zu welcher sie in einem merkwürdigen, aus Abhängigkeit und Trotz gemischten Verhältnis stand. Diese Tante, die ihr das Heiraten versagte, ist selbst Oberin eines Krankenpflegeordens; die Pflegerin sah in ihr immer ein Vorbild, an das sie darüberhinaus durch Erbrücksichten gebunden war, was sie jedoch nicht daran hinderte, dem von ihr bestimmten Orden nicht beizutreten. Der Trotz, schreibt Freud, der sich im Traum verrät, gilt also der Tante.

Diese unerwarteten Aufschlüsse über die Lebensschicksale der Pflegerin hatte die Patientin als Nachtrag mitgeteilt, als Freud sich bei ihr danach erkundigte. Die von ihr vorgebrachten Einfälle zeigen, daß sie nicht zufällige, sondern hochspezifische Dinge erinnerte, die sie so auswählte, daß sie gleichzeitig für die Lebensschicksale der Pflegerin wie für ihre eigenen Übertragungsschicksale zutrafen. Ich übersetze ihre Äußerungen nach diesen übertragungsbezogenen Richtlinien: Die Patientin wollte, ehe sie Analysandin wurde, Freud, der sich eifrig um sie bemühte, als Liebespartner haben, verzichtete aber darauf nach Freuds Einspruch als Analytiker, zu dem sie ja auch in einem merkwürdigen, aus Abhängigkeit und Trotz gemischten Verhältnis stand. Dieser Analytiker Freud, der ihr das Heiraten versagte, war selbst der Leiter und Begründer der psychoanalytischen Wissenschaft. Sie sah in ihm immer ihr Vorbild, sie ist zur Traumdeuterin geworden, wie er es war, hat darin gleichsam sein Erbe übernommen, widersetzte sich ihm aber, indem sie sich nicht auf die Psychoanalyse einlassen wollte, die ihr Freud bestimmt hatte. Der Trotz galt also ihrem Analytiker.

Ich habe eingangs darauf hingewiesen, daß eine Episode des manifesten Traums als Nachtrag erzählt worden war und daß sich rund um diesen Nachtrag eine Verwirrung eingestellt hatte, die Freud dazu veranlaßte, in einer Fußnote selbst einen Nachtrag als Korrektur einer früheren Auffassung hinzuzufügen. Ich hatte daraus geschlossen, daß sich Freud unbewußt mit der Träumerin identifiziert hatte. Ich erinnere auch an Freuds Äußerung, dieser Nachtrag der Träumerin sei von besonderer Deutlichkeit gewesen und man hätte ihr raten müssen, die Traumdeutung an diesem Punkt zu beginnen. Ich will nun darauf zurückkommen und zeigen, daß die Verwirrung, in die die beiden, Analysandin und Analytiker, rund um diesen Nachtrag geraten waren, auf eine entlehnte antisemitische Äußerung der Dame zurückzuführen ist, die die Aggressionen und die Entwertungsvorstellungen erkennen lassen, die sich in der Übertragung entwickelt haben mußten. Sie berichtete Freud folgendes über die Assoziationen der Träumerin: »Bei dem großen Wasser denkt sie an den Rhein, aber sie setzt hinzu, es war doch weit größer als der Rhein. Sie erinnert sich dann, daß ich ihr am Abend vorher die Geschichte von Jonas und dem Walfisch vorgelesen und erzählt habe, daß ich selbst einmal im Ärmelkanal einen Walfisch gesehen hatte. Ich meine, das große Wasser ist das Meer, also eine Anspielung auf die Geschichte von Jonas.«

Die Dame hat nicht nur ihrer Pflegerin die Geschichte von Jonas und dem Walfisch vorgelesen, sie hat auch Freud die Geschichte des Traums ihrer Pflegerin erzählt. Als sie der Pflegerin darüberhinaus noch mitteilte, sie hätte selbst einmal im Ärmelkanal einen Walfisch gesehen, will sie ihr imponieren, wie sie später Freud imponierte, als sie den Traum ihrer Pflegerin nacherzählte. Sie fuhr fort: »Ich glaube auch, daß der schmale Steg aus der nämlichen, in Mundart geschriebenen, lustigen Geschichte herrührt. In ihr wird erzählt, daß der Religionslehrer den Schulkindern das wunderbare Abenteuer des Jonas vorträgt, woraufhin ein Knabe den Einwand vorbringt, das könne doch nicht sein, denn der Herr Lehrer habe ein anderes Mal gesagt, der Walfisch habe einen so engen Schlund, daß er nur ganz kleine Tiere schlucken könne. Der Lehrer hilft sich mit der Erklärung, Jonas sei eben ein Jude gewesen, und der drücke sich überall durch. Meine

Pflegerin ist sehr religiös, aber zu religiösen Zweifeln geneigt, und ich habe mir darum Vorwürfe gemacht, daß ich durch meine Vorlesung vielleicht ihre Zweifel angeregt habe.«

Lustig und in ihrer Mundart bringt sie hier den Unsinn vom engen Schlund des Walfisches vor. Unsinniges hatte Freud bereits früh in seiner Traumlehre als Ausdruck von Hohn und Spott erkannt. Der Knabe, der den Religionslehrer in Verlegenheit bringt, ist Freud, der die Dame in ihrer Analyse sicherlich oft in Verlegenheit brachte, als er ihr Deutungen ihrer unbewußten Regungen gab. Sie selbst vergleicht sich unbewußt mit dem Walfisch, der einen zu engen Schlund hat, die Analyse nicht verkraften kann, sie nicht verinnerlichen will. Doch Freud hat diesen Widerstand immer wieder durchbrochen. Er ist eben wie Jonas ein Jude, der sich überall durchdrückt. An dieser Stelle wird deutlich, wie die Analysandin in ihrem Übertragungswiderstand, wie so häufig, die Dinge umkehrt. Nicht sie ist ihren sexuellen Wünschen in der Übertragung ausgeliefert; der Analytiker wird zum geilen triebhaften Verfolger gemacht, »der sich überall durchdrückt«, der sich nicht daran hindern läßt – so die unbewußten Phantasien so mancher Analysanden und Analysandinnen –, seine sexuellen Begierden an seinen Patienten auszuleben.

Etwas muß sie von ihren Aggressionen bemerkt haben, denn sie machte sich ja Vorwürfe, mit ihrer Darbietung bei der religiösen Pflegerin gewisse Zweifel angeregt zu haben. In Wirklichkeit machte sie sich Vorwürfe, weil sie Freud mit ihrer antisemitischen Anekdote angeregt haben könnte, Zweifel an ihrer Zuwendung zu entwickeln. Freud interessierte das jedoch überhaupt nicht. Was sollten solche Anspielungen aggressiver Art ihn schon bewegen, wenn er gerade daran war, in faszinierender Weise das Unbewußte in diesem Traum aufzuspüren.

Es läßt sich indessen aus diesen Zusammenhängen ein wichtiger Schluß ziehen. Die Dame mußte zuerst ihre aggressiven Affekte, die sie gegen Freud richtete, zum Ausdruck bringen, bevor sie auf den Inhalt des Nachtrags eingehen konnte. Das heißt aber gleichzeitig, daß die Pflegerin in dem, was der Nachtrag enthält, aggressive Regungen gegen ihre Vorgesetzte während ihrer Traumerzählung verdrängt hatte und ihr erst später – wann wissen wir nicht – den Nachtrag mitteilte, nachdem sich ihre aggressiven Affekte direkt bemerkbar gemacht hatten. Tatsächlich erfahren wir aus den Mitteilungen der Patientin, daß die Pflegerin sich nach ihrer Traumerzählung empfindlich und reizbar zeigte, ihre Vorgesetzte schlecht behandelte und ihr Szenen machte. Daraus geht hervor, daß die Episode im manifesten Traum, in welcher auf dem schmalen Steg plötzlich eine andere Pflegerin wie eine Fata Morgana aufgetaucht war, unbewußte aggressive Regungen verklausulierte. Wie eine Fata Morgana, können wir hinzufügen, tauchten plötzlich Haßgefühle, Ablehnung, ja Todeswünsche auf. Wir vernehmen nämlich aus der Erzählung der Patientin zu dieser Traumepisode, daß die Pflegerin ihr berichtet hatte, daß diese andere Pflegerin, die ihr auf dem Steg erschienen war, »in den Rhein gegangen sei«, sich also suizidierte, weil man sie aus der Pflege, in der sie sich etwas hatte zu Schulden kommen lassen, weggeschickt hatte. Im Nachtrag zu dieser Stelle, den Freud in einer Fußnote anfügt, heißt es, daß es sich später, als die Dame die Niederschrift revidierte, herausstellte, daß das ein Irrtum war. Offenbar hatte sie den Suizid hinzuphantasiert. Das bestätigt meine These, daß sie, in der völligen Identifizierung mit Freud, den Traum genau so deutete wie er, Todeswünsche gegen ihren Analytiker verdrängte. In der Suizidphantasie kommt sie im Gewande Freuds ums Leben.

Es muß dabei im Auge behalten werden, daß auch hier der ganze unbewußte Vorgang von der träumenden Pflegerin an die Dame delegiert worden war. Die Wut und die Haßgefühle, die die Pflegerin gegen sie ganz offensichtlich verdrängen mußte, können nicht damit zusammenhängen, daß sie sich schlecht behandelt fühlte. Das wäre der Träumerin ohnehin bewußt gewesen. Wut und Haßgefühle stammen aus der Übertragung, die die Pflegerin auf die Dame und diese auf Freud ausgebildet hatte. Die Pflegerin war wütend darüber, daß ihr »Pflegekind« sich ihr immer wieder entzog und sich von ihrem Analytiker »pflegen« ließ. Es bestand also ein unbewußter Rivalitätskonflikt der Pflegerin mit Freud. Die Dame spielte ihrerseits die Pflegerin gegen Freud und Freud gegen die Pflegerin aus. »Mal sehen, wer von euch beiden mir mehr zu bieten hat«, wäre die Sprache ihres Unbewußten gewesen. So wartete sie ab, wem sie schließlich ihre Liebe zuwenden würde, was bei der Zwangsneurose und den Zwangsritualen, unter denen sie litt, nur heißen kann, wem sie sich schließlich passiv-masochistisch unterwirft.

Im weiteren Verlauf des Berichts der Patientin über den Traum ihrer Pflegerin heißt es »... mit der Frau, die früher Verkäuferin in einem Eßwarengeschäft war, kann nur das Mädchen gemeint sein, welches damals das Nachtmahl brachte«. Sie fuhr fort: »Die im Taum erscheinende Frau ist nicht wirklich von ihrem Mann geschieden. Die ganze Stelle stammt aus der Lebensgeschichte des anderen Mädchens, welches durch das Machtwort ihrer Eltern von einem Manne ferngehalten – geschieden – wird, der sie heiraten will.« Dazu bemerkt Freud am Ende seiner

Darstellung, daß wir wissen, daß es die Tante war, welche die Träumerin von ihrem Verlobten geschieden hat. So mag die »Verkäuferin von Eßwaren« zur Repräsentantin der Tante-Oberin werden. »Eine gute Bestätigung dieser Deutung liegt in dem Umstand, daß der im Traum ›bekannte‹ Ort, an dem sie die in Rede stehende Person vor ihrer Tür findet, der Ort ist, wo eben diese Tante-Oberin lebt.«

In meiner früheren Ableitung konnte ich zeigen, daß das Delegieren beim ganzen Geschehen eine zentrale Rolle spielt und daß deshalb in der Übertragung der Patientin auf Freud die Tante-Oberin den Analytiker repräsentiert. Demzufolge wäre in der »Verkäuferin in einem Eßwarengeschäft« der symbolische Ausdruck der übertragungsbedingten oralen, gierigen Wünsche zu finden, die die Analysandin an Freud richtete. Die Dienstbotin, die das Nachtessen in Wirklichkeit an jenem Freitagabend ins Zimmer hereinbrachte, stellte also für Pflegerin und Dame das Motiv dar, an das die unbewußte Erwartung geknüpft war, Freud möchte doch erscheinen, wie eine Fata Morgana, und beiden das Kind machen, das sie begehren. Daß die Frau, die im Traum geschieden war und sagte, daß es auch in der Ehe nicht immer glücklich gehe, in Wirklichkeit gar nicht geschieden war, bezieht sich jetzt ganz offensichtlich auf Freuds Ehe. Der unbewußte Wunsch lautete: »Wäre Freud doch geschieden, dann wäre alles gut zwischen uns«. Damit wird nun auch klar, daß ihre Wut und der Haß in ihrem Übertragungskonflikt auf die Tante-Oberin, die im Hintergrund Freuds Ehefrau darstellt, gerichtet waren, wobei wir hinzufügen können: Eine gute Bestätigung dieser Deutung liegt in dem Umstand, daß der im Traum »bekannte« Ort, an dem sie die in Rede stehende Person vor ihrer Tür findet, der Ort ist, wo eben diese Tante-Oberin lebt. Dieser »bekannte« Ort ist zweifellos die Bergstraße in Wien, wo »die in Rede stehende Person«, nämlich Freud, mit seiner Frau lebte.

Die Erweiterung der Traumdeutung oder Psychologie des Erlebens

Mit der Bearbeitung dieses Beispiels habe ich Freuds Traumdeutung nicht etwa durch meine Traumdeutung *ersetzt*, sondern *ergänzt*. Freud war in erster Linie daran interessiert, die latenten Traumgedanken zu erkennen und von diesen auf den unbewußten Traumwunsch zu schließen. Er war genetisch orientiert und wollte rekonstruieren, welche Triebregungen und damit verknüpfte Vorstellungen der Verdrängung verfallen sind und deshalb unbewußt gemacht werden mußten. Er war davon überzeugt, daß hinter der Verdrängung Triebwünsche stehen, die für das Bewußtsein unverträglich sind, weil sie in einer Weise dem Lustprinzip folgen, die vom Realitätsprinzip des Ich zurückgewiesen wird. Dies geschieht durch Widerstände und Abwehren des Ich, die sich gegen Triebansprüche richten, die ihre Herkunft aus der infantilen Sexualität beziehen, ödipale Konflikte reaktivieren und Ängste, vornehmlich Kastrationsängste, auslösen. Freud hatte erkannt, daß die Traumdeutung die verdrängten Regungen aufdecken und die damit verbundenen Triebwünsche bewußt machen kann, ohne daß der Träumer deshalb seinen ödipalen Konflikt reaktivieren müßte und Ängste entwickelt oder regrediert, weil der Traum eine im Schlafzustand entstandene Halluzination darstellt und deshalb mit dem Realitätsprinzip nicht in Widerspruch kommt.

Die wichtigste Erkenntnis Freuds lag gerade darin, daß die Traumdeutung den Träumer nicht in einen verdrängungsbedürftigen Konflikt bringt, sondern ihm den verdrängungsbedürftigen Konflikt *bewußt* macht, ein Ziel, das die Psychoanalyse grundsätzlich verfolgt. Es ist deshalb auch folgerichtig, die Traumdeutung an den Inhalten der verdrängten Vorstellungen vorzunehmen, denn nur dann kann der Träumer auch selbst verstehen, welchen bisher unbewußten Konflikt er nicht sehen konnte. In seiner Traumlehre verfolgt Freud dieses Ziel und reiht damit die Traumdeutung in die psychoanalytische Behandlungsmethode ein. Die Traumdeutung wird zu einem Instrument der analytischen Arbeit, wie auch das Angehen eines Übertragungswiderstandes oder die Deutung von Abwehrmechanismen und Symptombildungen Instrumente der analytischen Technik sind.

Meine Auffassung vom Traum unterscheidet sich nicht grundsätzlich von der Auffassung Freuds; ich vertrete aber die Ansicht, daß die Traumdeutung, die sich nach den Inhalten der verdrängungsbedürftigen Vorstellungen ausrichtet, nur einen Ausschnitt der Traumlehre darstellt. Für die Psychoanalyse hat der Traum ein viel breiteres Anwendungsgebiet, als es ihm durch die Traumdeutungstechnik zugewiesen wird. Dabei möchte ich in Frage stellen, ob Freud durch seine »Traumdeutung« diese Beschränkung auf ein psychoanalytisches Instrument bewirkt hat. Mir scheint vielmehr aus seinen Schriften hervorzugehen, daß er selbst diese Auffassung hatte, die ich jetzt betone, daß er aber mit anderen Problemen beschäftigt war, die ihn, wahrscheinlich mit Recht, mehr interessierten. Vielleicht hatte er erwartet, daß einer seiner Kollegen aus der Pionierzeit der Psychoanalyse die Erweiterung seiner Traumlehre in Angriff nehmen würde, zu der er in seinem Werk an unzähligen Stellen Anstöße gegeben hat, die in ihrer wirklichen Bedeutung nicht weiterentwickelt worden sind. Als Beispiel für einen solchen Anstoß weise ich auf den von mir zitierten Satz Freuds im vorliegenden Text hin: »Wie so oft bei der Traumdeutung in der Psychoanalyse, kommen für die Übersetzung des Traumes nicht allein die Ergebnisse der Assoziation in Betracht, sondern auch die Begleitumstände der Traumerzählung, das Benehmen des Träumers vor und nach der Traumanalyse sowie alles was er ungefähr gleichzeitig mit dem Traum – in derselben Stunde der Behandlung – äußert und verrät.« Als Freud 1932 die »Revision der Traumlehre« verfaßte, schrieb er: »Es hat für uns ein besonderes Interesse, gerade am Fall der Traumlehre zu verfolgen, einerseits welche Wandlungen die Psychoanalyse in diesem Intervall erfahren, anderseits welche Fortschritte sie unterdes im Verständnis und in der Schätzung der Mitwelt gemacht hat. Ich sage es Ihnen gleich heraus, Sie werden nach beiden Richtungen enttäuscht werden. [....] Die Analytiker benehmen sich, als hätten sie über den Traum nichts mehr zu sagen, als wäre die Traumlehre abgeschlossen.« Daraus kann man sehen, daß Freud eigentlich selbst enttäuscht war, daß die psychoanalytische Forschung in der Traumlehre nicht einen Schritt weiter gekommen war. Wenn ich, 52 Jahre nachdem Freud dies geschrieben hat, versuche einen Schritt weiterzugehen, meine ich in seinem Sinne die Traumlehre zu verstehen. Es geht darum, die gewonnenen Erkenntnisse zu erweitern und nicht darum, eine neue Traumtheorie zu erfinden, um sie der Freudschen Traumlehre entgegenzustellen. In diesem Sinne ist auch meine Erweiterung der Traumdeutung Freuds am Beispiel des Textes »Ein Traum als Beweismittel« zu verstehen. Ich konnte zeigen, daß

Freuds intuitiv zutreffende Sinndeutung des ihm vorgetragenen Traums wie ein Mosaikstein in die von mir funktionell aufgebaute Traumdeutungsarbeit hineinpaßte.

Der funktionelle Gesichtspunkt, dem ich gefolgt bin, hat zum traumdiagnostischen Schluß geführt, daß der Traum der Pflegerin an die Patientin Freuds delegiert worden war, ein Umstand, der für das Verständnis des Erlebens sowohl der Pflegerin wie auch der Dame in ihren wechselseitigen Beziehungen zueinander und zu Freud entscheidend ins Gewicht fällt. Das Erleben selbst läßt sich theoretisch schwer fassen, kann höchstens umschrieben werden, so wie ein in Bewegung befindlicher Körper durch eine ballistische Kurve in seiner Bahn nachgezeichnet wird. Die aufgezeichnete Kurve ist indessen nicht dasselbe wie die Bewegung. Die Erweiterung meiner Auffassung vom Traum und von der Traumdeutung betrifft also das Erleben des Träumers und aller, die mit diesem Traum konfrontiert werden. Es handelt sich um eine *Psychologie des Erlebens*, mit der ich die Traumlehre, die sich bisher als eine Psychologie des Erinnerns, Assoziierens und Verstehens ausgab, erweiterte. Das breite Anwendungsgebiet des Traums in der Psychoanalyse ergibt sich dadurch, daß der Traum ganz allgemein über das auch unbewußte Erleben des Träumers Aufschluß geben kann.

Was also sagt der hier behandelte Traum über das Erleben aus? Die Träumerin erlebt sich recht hilflos zurückversetzt in ihrem Streben, alles für die Dame zu tun, um ihr zu gefallen und entwickelt einen heimlichen Haß auf den Rivalen, den sie im männlichen Analytiker spürt, zu dem sich ihr »Liebespartner«, die Dame, immer wieder begibt, um sich diesem zuzuwenden, statt ihr Liebespartner zu sein.

Die Dame erlebt in einer ihr eigenen zwanghaften Weise die Liebe, die die Pflegerin als Frau für sie empfindet, kann darauf aber nicht eingehen und reißt ihr ihre Liebe (den Traum) gleichsam aus dem Leibe, eignet sich die fremde Liebesfähigkeit künstlich an, schmückt sich damit und erlebt dann im Umgang mit dieser Liebe dasselbe, was ihr Vorbild, die Pflegerin, an ihr erlebt hat: daß nämlich die Erfüllung ihres Wunsches, von Freud geliebt zu werden, in ihrer Phantasie wegen der Existenz der Rivalin, der Ehefrau Freuds, ausblieb.

Eine solche Erkenntnis über das Erleben der Analysandin geht nun weit über die Bedeutung der Sinndeutung des Traums hinaus, die sich darauf beschränkt, den unbewußten Wunsch, ein eigenes leibliches Kind zu haben, aufzudecken. Damit ist keineswegs gesagt, daß sich aus einer Sinndeutung eines Traumes nicht anschließend bei der Durcharbeitung der weitern Einfälle und der Übertragungswiderstände genau dieses Erleben der Analysandin herausstellen wird, doch würden wir in diesem Fall die Erkenntnis der Erlebnisqualität nicht mehr zur Traumdeutung zählen. Meiner Auffassung nach gehört aber gerade die unbewußte Erlebnisqualität des Traums zur Traumdeutung.

Über das Erinnern, Erzählen und Vergessen von Träumen

Daß ein Traum erinnert wird, ist niemals zufällig. Die meisten Träume, die wir haben, werden nicht erinnert; viele, die erinnert werden, vergißt man, noch ehe man in die Lage kommt,sie jemandem zu erzählen. Es gibt Träume, an die sich der Träumer noch nach Jahrzehnten erinnert, wie zum Beispiel der Wolfstraum des jungen Russen, den Freud in der »Geschichte einer infantilen Neurose« dargestellt und analysiert hat.

Es ist niemals zufällig oder gleichgültig, *ob* ein Traum und *wem* ein Traum erzählt wird. Unbewußte Motive spielen dabei eine Rolle, die mit den latenten Traumgedanken in einer spezifischen Weise in Beziehung stehen. Es gibt Träume, die unmittelbar nach dem Erwachen erinnert werden, dann der Vergessenheit anheimfallen und plötzlich in einer bestimmten Situation wieder im Bewußtsein auftauchen. Ein Traum kann dann erzählt oder verschwiegen werden. Es kann auch sein, daß ein Traum lange Zeit verschwiegen und dann in einer bestimmten Situation jemandem berichtet wird. Ein Traum kann vom Träumer als belanglos oder bedeutungsvoll beurteilt werden. Seine Beurteilung entspricht dem, was er *bewußt* mit seinem Traum erlebt. Was er *unbewußt* durch seinen Traum erlebt, steht in direktem Zusammenhang mit den Begleitumständen des Erinnerns, Erzählens und Vergessens. Freud schreibt in »Erinnern, Wiederholen und Durcharbeiten« (GW, Bd. 10, S. 127ff.): »Das Vergessen von Eindrücken, Szenen, Erlebnissen reduziert sich zumeist auf eine ›Absperrung‹ derselben. Wenn der Patient von diesem ›Vergessen‹ spricht, versäumt er selten, hinzuzufügen: das habe ich eigentlich immer gewußt, nur nicht daran gedacht.«

Ich füge hinzu: Das gilt auch für den Traum. In Analysen kann man nicht selten beobachten, daß der Patient weiß, daß er geträumt hat, sich aber nicht mehr an den Traum erinnert. Es kann dann vorkommen, daß er im Verlauf der Stunde den Traum plötzlich erinnert. In der Regel zeigt sich, daß ein Übertragungswiderstand die »Absperrung« – wie Freud sagt – bewirkte. Ergibt sich dann die Möglichkeit, den Traum zu deuten, erweist sich regelmäßig, daß die unbewußte Regung, die den Übertragungswiderstand bewirkt hatte, in den latenten Traumgedanken enthalten ist. Das Vergessen ist also relativ, das heißt, es kann im Durcharbeiten eines Widerstandes aufgehoben und durch Erinnern ersetzt werden. Die vorübergehende Amnesie nimmt im Erleben des Patienten danach eine so untergeordnete Stellung ein, daß er zum Inhalt des gedeuteten Widerstandes oft sagt: Das habe ich eigentlich immer gewußt, nur nicht daran gedacht.

Das »Vergessen« erfährt (nach Freud, ebd. S. 128) eine »weitere Einschränkung durch die Würdigung der so allgemein vorhandenen Deckerinnerungen. In manchen Fällen habe ich den Eindruck, daß die bekannte, für uns theoretisch so bedeutsame Kindheitsamnesie durch die Deckerinnerungen vollkommen ausgewogen wird. In diesen ist nicht nur einiges Wesentliche aus dem Kindheitserleben erhalten, sondern alles Wesentliche. Man muß nur verstehen, es durch die Analyse aus ihnen zu entwickeln. Sie repräsentieren die vergessenen Kinderjahre so zureichend wie der manifeste Trauminhalt die Traumgedanken.«

Freud stellt die Deckerinnerung in eine Parallele zum Traum. Wenn er sagt, daß alles Wesentliche des Kindheitserlebens in der Deckerinnerung enthalten sei, meint er das Wesentliche dessen, was das Kind erlebt hatte und nicht nur, was in der Kindheit alles vorgefallen und geschehen sein mag. So können wir auch sagen, daß der Traum alles Wesentliche im Erleben des Träumers enthält, das in der gegebenen Traumsituation aktualisiert ist. Dabei geht es nicht nur um das, was in der unmittelbaren Gegenwart oder in der Vergangenheit vorgefallen oder geschehen sein mag, auch nicht nur um Wünsche, die verdrängt waren und jetzt im Traum eine halluzinatorische Erfüllung erfahren. Es geht also nicht nur darum, Verdrängtes, das »vergessen« wurde, in einer verklausulierten Form wieder dem Bewußtsein näher zu bringen oder durch eine entsprechende Deutung erneut bewußt zu machen, sondern um ganz bestimmte Erlebnisqualitäten, die im Traum zum Ausdruck kommen. Diese Erlebnisqualitäten machen die emotionale Bewegung aus, die jeden Traum begleitet. Sie muß von den Eindrücken und Erlebnissen, Vorstellungen, Gedanken, Wünschen, ob sie nun bewußt oder unbewußt sind, unterschieden werden. Freud nimmt diese Unterscheidung vor: »Die andere Gruppe von psychischen Vorgängen, die man als rein interne Akte den Eindrücken und Erlebnissen entgegenstellen kann, Phantasien, Beziehungsvorgänge, Gefühlsregungen, Zusammenhänge, muß in ihrem Verhältnis zum Vergessen und Erinnern gesondert betrachtet werden. Hier ereignet sich besonders häufig, daß etwas ›erinnert‹ wird, was nie ›vergessen‹ werden konnte, weil es zu keiner Zeit gemerkt wurde, niemals bewußt war, und es scheint überdies völlig gleichgültig für den psychischen Ablauf, ob ein solcher ›Zusammenhang‹ bewußt war und dann vergessen wurde, oder ob er es niemals zum Bewußtsein gebracht hat. Die Überzeugung, die der Kranke im Laufe der Analyse erwirbt, ist von einer solchen Erinnerung ganz unabhängig.«

Beim Bewußtwerden einer bestimmten Erlebnisweise erweist sich das Erinnern als Erfahrung, und bei einer Verdrängung bestimmter Erlebnisweisen nimmt das, was wir den unbewußten Widerstand nennen, die Stelle des Vergessens ein. Die gesonderte Betrachtung der Gruppe von psychischen Vorgängen, die Freud als interne Akte bezeichnet, die Eindrücke und Erlebnisse erfassen, zeigt, daß »Erinnern« und »Vergessen« auf zwei verschiedenen Ebenen wirksam sind. Theoretisch lassen sich die Unterschiede beschreiben, aber praktisch gehen die beiden

Ebenen ineinander über. Deshalb kommt Freud zum Schluß, »der Analysierte *erinnere* überhaupt nichts von dem Vergessenen und Verdrängten, sondern er *agiere* es. Er reproduziert es nicht als Erinnerung, sondern als Tat, er *wiederholt* es, ohne natürlich zu wissen, daß er es wiederholt.«

Als Beispiel fügt Freud hinzu: »Der Analysierte erzählt nicht, er erinnere sich, daß er trotzig und ungläubig gegen die Autorität der Eltern gewesen sei, sondern er benimmt sich in solcher Weise gegen den Arzt. Er erinnert nicht, daß er in seiner infantilen Sexualforschung rat- und hilflos stecken geblieben ist, sondern er bringt einen Haufen verworrener Träume und Einfälle vor, jammert, daß ihm nichts gelinge, und stellt es als sein Schicksal hin, niemals eine Unternehmung zu Ende zu führen. Natürlich wird uns das Verhältnis dieses Wiederholungszwanges zur Übertragung und zum Widerstand in erster Linie interessieren. Wir merken bald, die Übertragung ist selbst nur ein Stück Wiederholung, und die Wiederholung ist die Übertragung der vergessenen Vergangenheit nicht nur auf den Arzt, sondern auch auf alle anderen Gebiete der gegenwärtigen Situation.«

Der Traum macht keine Ausnahme, er ordnet sich, wie alles andere, den Gesetzmäßigkeiten des Erlebens unter, die Freud in den zitierten Stellen darstellt. Deshalb sage ich: Der Träumer erinnert überhaupt nichts von dem »Vergessenen und Verdrängten«, das in den latenten Traumgedanken enthalten ist, sondern er *agiert* es in der Art, wie er träumt und wie er mit dem Traum umgeht. Er reproduziert den Traum nicht als Erinnerung, sondern als Tat, und diese Tat ist der Traum und seine Traumerzählung. Mit seiner Traumerzählung wiederholt er, was erlebnismäßig in den unbewußten Motivationen, die den Traum provozierten, in Bewegung geraten ist.

Als Beispiel nehme ich den Traum der Pflegerin, den die Dame Freud erzählte. Die Patientin erinnert nicht, daß sie schon als Kind den Gedanken anderer gestohlen hat, um sich dann mit fremden Federn zu schmücken, sondern benimmt sich in solcher Weise ihrer Pflegerin und Freud gegenüber. Sie erinnert nicht, daß sie als kleines Mädchen entdeckte, daß ihr etwas fehle, was die Buben haben und womit sie sich selbst befriedigen können, erinnert nicht, daß sie sich einen Ersatz dafür holte und voller Haß und Vorwürfe die anderen dafür verantwortlich machte, daß ihr die Befriedigung am Ersatz Schuldgefühle verursacht hatte. Sie führt das mit ihrer Traumerzählung aus zweiter Hand vor. Sie sagt nicht »Ich habe keinen Traum gehabt, erzähle aber den Traum meiner Pflegerin«, sondern füllt die Lücke im eigenen Erleben dadurch, daß sie zum fremden Traum wenigstens die *eigene* Traumdeutung beibringt, die bei genauerem Hinsehen auch ein gestohlenes Gedankengut Freuds war. Die Patientin Freuds unterlag also dem Wiederholungszwang und innerhalb des unbewußten Wiederholungszwanges agierte sie am Traum ihrer Pflegerin, was sie nicht erinnern konnte.

Wie steht es nun aber mit der Beziehung der Träumerin zu ihrem Traum? Das Träumen ist die »Tat«, von der Freud spricht, die an die Stelle des Erinnerns tritt. Die Träumerin erzählt ihrer Vorgesetzten nicht, daß sie in ihren Liebesbeziehungen schon immer dasselbe erlebt hatte, was sich in ihrer Beziehung zu »ihrem Pflegekind«, der Dame, wiederholte, sondern sie träumt und erzählt den Traum so, als ob sie gewußt hätte, daß die Dame ihren Traum Freud nacherzählen würde. Sie träumte, weil sie im Wiederholungszwang etwas produzieren mußte, das ihr eine wichtige Beziehungsperson wegnehmen sollte, damit ihr Produkt in den Händen anderer zu dem gemacht würde, was sie selbst nicht zustande bringen konnte. Die Träumerin erwartete unbewußt, daß die Dame ihr etwas zurückbringen würde, vielleicht die Anerkennung Freuds, woran sie sich befriedigen könnte wie an dem eigenen Kind, das sie sich wünschte.

Ich komme also zum Schluß, daß der Traum selbst und ganz besonders die Traum*erzählung* sowie der Umgang mit dem Traum ganz allgemein nicht eine Form des Erinnerns von Vergessenem und Verdrängtem ist, sondern das, was er an Vergessenem und Verdrängtem enthält, agiert durch die Tat des Träumens und des Traumerzählens. Was aber den Traum ganz besonders charakterisiert, ist die Erfahrung, daß das meiste, was in diesem Agieren »erinnert« wird, nie vergessen oder verdrängt worden ist, weil es zu keiner Zeit gemerkt wurde, niemals bewußt war. Das hängt damit zusammen, daß die Träume, könnte man sie bis zu ihrem wirklichen Ursprung verfolgen und deuten, mit wichtigen Erlebnissen in Verbindung stehen, die in die frühe Kindheit fallen und seinerzeit ohne Verständnis erlebt worden sind. (Freud, »Erinnern, Wiederholen und Durcharbeiten«, GW, Bd. 10, S. 129) Wenn uns eine Traumdeutung gelingt und der Träumer nachträglich Verständnis aufbringt für das, was er im Wiederholungszwang agiert, darf man sich nicht wundern, daß eine Erinnerung an das frühkindliche Erleben ausbleibt. Sie wäre nur möglich, wenn irgendeine Art von »Verständnis« bereits in frühester Kindheit vorgelegen hätte. Solchen Fällen begegnen wir in der Analyse auch und erhalten dann vom Patienten in wirklichen Erinnerungen die Bestätigung für unsere Annahmen. Aber gerade bei Traumdeutungen, wie ich sie am Beispiel des Traums der Pflegerin entwickelt habe, kann man nicht damit rechnen, daß der Träumer und in unserem Fall die Träumerin und die Dame Erinnerungen vorbrächten, die die abgeleiteten Annahmen direkt bestätigen würden. Freud schreibt zu Überlegungen analoger Art, die sich allerdings nicht direkt auf seine Traumlehre beziehen (S. 129): »Man gelangt durch Träume zu ihrer Kenntnis (der Kenntnis wichtiger Erlebnisse in der frühen Kindheit, die ohne Verständnis erlebt wurden) und wird durch die zwingendsten Motive aus dem Gefüge der Neurose genötigt, an sie zu glauben, kann sich auch überzeugen, daß der Analysierte nach Überwindung seiner Widerstände das Ausbleiben des Erinnerungsgefühls nicht gegen deren Annahme verwertet. Immerhin erfordert dieser Gegenstand soviel kritische Vorsicht und bringt soviel Neues und Befremdendes, daß ich ihn einer gesonderten Behandlung an geeignetem Material vorbehalte.«

Soweit ich das Werk Freuds kenne, hat er später darüber nichts mehr veröffentlicht. Die von ihm in Aussicht gestellte gesonderte Behandlung an geeignetem Material steht bis heute aus. Meiner Auffassung nach wäre das geeignete Material, an dem diese Betrachtung weitergeführt werden könnte, der Traum, seine Erzählung und der Umgang des Träumers mit ihm, sofern wir neben der inhaltsbezogenen Traumdeutung traumdiagnostische Betrachtungen anstellen und unsere besondere Aufmerksamkeit auf die Funktion des Traumgeschehens richten.

Fritz Morgenthaler

Traumdiagnostik. Zur Bedeutung der formalen und strukturellen Gesichtspunkte

Dieser von Fritz Morgenthaler 1983/84 geschriebene Text wurde in dem von Hans-Martin Lohmann herausgegebenen Sammelband *Die Psychoanalyse auf der Couch* (Qumran Verlag 1984, 269–292) erstmals veröffentlicht. Auf Wunsch vieler Analytiker, Schüler und Freunde hatte Morgenthaler damit begonnen, die Grundgedanken seiner »Traumseminare« zusammenzustellen. Die erste Fassung war ein überarbeitetes Traumseminar, das Morgenthaler dann zu diesem Aufsatz über »Traumdiagnostik« erweiterte, den er aber auch nur als Teil seiner Traumlehre verstanden wissen wollte.

In die (hier leicht veränderte) erste Druckfassung ist zu Anfang noch der Passus »Affektive Entspannung« (aus dem Band: Fritz Morgenthaler, *Homosexualität Heterosexualität Perversion*, Qumran Verlag 1984, 23–25) eingefügt, da er für Morgenthalers Technik-Verständnis zentral ist und von ihm auch hier weiter ausgeführt werden sollte.

Die Traumtheorie gehört zur Metapsychologie, Traumdiagnostik und Traumdeutung sind Teil der psychoanalytischen Technik. Die Metapsychologie ist deskriptiv und versucht die Strukturen innerhalb der Psyche, ihre Entwicklungslinien und wechselseitigen Beziehungen zur Innen- und Außenwelt möglichst lückenlos zu erfassen. Sie ist einer Pyramide vergleichbar, die von der Basis bis zur Spitze möglichst vollständig alle Bausteine eingliedern möchte. Es ist selbstverständlich, daß sie Lücken hat, doch sollte es den Analytikern in ihrer praktischen Arbeit möglich sein, diese Lücken zu überbrücken, so daß sie im analytischen Prozeß mit ihren Analysanden die unbewußten innerpsychischen Zusammenhänge erkennen.

Die psychoanalytische Technik, zu der auch Traumdiagnostik und Traumdeutung gehören, geht andere Wege. Das Vorgehen im analytischen Prozeß kann nicht aus der Metapsychologie abgeleitet werden. Die psychoanalytische Technik leitet sich aus der Dynamik des psychischen Geschehens ab und verfügt nicht über ein einheitliches Instrumentarium wie die Metapsychologie. Sie ist Inseln vergleichbar, die im Meer der an sich unfaßbaren emotionalen Bewegung Orientierungspunkte darstellen, die es uns ermöglichen, den analytischen Prozeß folgerichtig zu führen.

Affektive Entspannung und Erleben

Bestimmte Erinnerungen, die die Patienten in der Analysestunde erzählen, zeigen weit vorausschauende Abschnitte eines späteren Verlaufs der Analyse an und gehören nicht zum aktuellen analytischen Prozeß. Wir müssen es hinnehmen, Zusammenhänge, die der Patient andeutet, erst später verstehen zu können.

Ich meine, daß das Konzept des Analytikers grundsätzlich aus dem abgeleitet werden muß, was in der Übertragung sichtbar wird. Aus den Assoziationen und Träumen, die der Patient vorlegt, wählt man für die Deutungsarbeit nur das aus, was zur Übertragungswirklichkeit paßt. Das gelingt natürlich nur dann in sinnvoller Weise, wenn während der Analysestunden von seiten des Analytikers die fortwährende Dekonfliktualisierung und die affektive Entspannung im analytischen Milieu aufrechterhalten werden kann. Die relativ konfliktfreie, unneurotische Beziehung des Analytikers zu seinem Patienten stellt die maßgebende Voraussetzung für das sogenannte Behandlungsbündnis dar. Man kann daran scheitern, aber es bleibt dem Analytiker bewußt, was er anstrebt und woran er gegebenenfalls scheitert. Die Herstellung des Behandlungsbündnisses ist vor allem eine Aufgabe des Analytikers. Es stellt technisch keine besonderen Probleme dar. Die Schwierigkeiten, die sich in diesem Zusammenhang zeigen, decken sich weitgehend mit den Schwierigkeiten, die der Analytiker mit seinem Patienten hat. Die These des Behandlungsbündnisses gehört in den großen Katalog von technischen Möglichkeiten, aus welchem jeder einzelne das auswählt, was zu ihm paßt. Es mag sein, daß der eine oder andere diese These in den Mittelpunkt seiner technischen Hilfsmittel stellen kann. Die Frage, die sich dabei ergibt, hängt meiner Meinung nach in erster Linie davon ab, ob wir während unserer eigenen Analyse in unserer Persönlichkeit genügend Möglichkeiten gefunden oder geschaffen haben, konfliktfrei mit verschiedenen Menschen umgehen zu können.

So unbestimmbar und dennoch umschrieben die Anforderungen für eine sinnvolle Anwendung der psychoanalytischen Technik auch sein mögen, ihre Grundzüge sind klar und einfach. Die Mittel, die der Psychoanalytiker anwendet, sind Mittel, die er braucht, um unneurotisch auf seinen Patienten ansprechen zu können. Sie sind individuell verschieden und von unserer Restneurose abhängig, auch wenn sie uns nicht mehr stört. Das fernliegende Ziel, unseren Analysanden von seiner neurotischen Entwicklung zu befreien, beschäftigt uns im Grunde wenig. Das naheliegende Ziel, welches von Tag zu Tag in jeder Analysestunde angestrebt wird, liegt in der affektiven *Entspannung* der Beziehung zwischen Analytiker und Analysand. Dann stellt sich – so meine ich – die Übertragungsneurose übersichtlich und in ihren Gesetzmäßigkeiten erkennbar ein. Wäre der Einfluß der unbewußten Über-Ich-Forderungen des Patienten in gleichem Maße wie des Analytikers, in bezug auf die Analyse selbst, geringer einzuschätzen, als er in Wirklichkeit ist, hätte man gewiß weniger Schwierigkeiten, genauer zu umschreiben, worauf es bei der Anwendung der Psychoanalyse als Behandlungsmethode ankommt. Die bewußten und unbewußten Forderungen des Über-Ich spielen aber während der analytischen Kur eine viel bedeutendere Rolle, als man oft denkt. Der Patient, der zu uns in Analyse kommt, möchte ein guter Analysand sein. Er möchte alles recht machen und leidet darunter, wenn er in seinem Verhalten Züge entdeckt, die ihn daran erinnern, daß er nicht immer tun kann, was er tun möchte. Im Grunde wird der Analysand innerhalb seines Bestrebens, seine Analyse durchzuführen, von starken, unbewußten Gewissensforderungen gelenkt.

Im allgemeinen neigt der Analytiker dazu, die posititve Einstellung seines Patienten zur Analyse und seinen guten Willen zur Mitarbeit besonders zu schätzen. Er schätzt diese Einstellung seines Patienten zu Recht hoch ein, denn sie ist eine der wichtigsten Voraussetzungen für die Durchführung einer Analyse überhaupt. Der Analytiker selbst hat, beinahe unausweichlich, ähnliche Ideale und Gewissensforderungen wie sein Analysand. Auch er möchte es recht machen. Auch er empfindet es als schmerzlich, wenn es ihm nicht gelingt, die Analyse so zu führen, wie er es sich gewünscht hat. Er möchte ein guter Analytiker sein, der erfolgreich ist und der sich seiner Verantwortung bewußt bleibt.

Die bewußten und unbewußten Über-Ich-Forderungen überschatten den Verlauf des analytischen Prozesses. Geht die Analyse mühsam, schleppend oder über weite Strecken unstrukturiert vor sich, lasten Gewissensforderungen und Schuldgefühle auf dem analytischen Verlauf. Geht die Analyse gut und erfolgreich vor sich, wird der Analytiker schnell und unverschuldet zur Autorität. Der Analysand idealisiert seinen »Arzt«. Spricht der Analytiker auf seinen Analysanden unneurotisch an und sind seine Deutungen zutreffend, wird er zu einer realen Autorität, und die Idealisierung, die der Patient an der Person des Analytikers ausbildet, löst sich vom Wiederholungszwang frühkindlicher Wünsche. Sie entspricht jetzt einer Realität. Der Analytiker bemerkt, daß in dieser Entwicklung die Deutung nicht hilft, denn ist seine Deutung richtig, bewirkt sie im Patienten selbst eine weitere Bewunderung und Idealisierung, die auch einer kritischen Realitätsprüfung standhält. Dieser Prozeß wird nicht selten vom Analysanden erst lange nach Abschluß einer durchaus geglückten Analyse allmählich rückgängig gemacht. Nach meinen Erfahrungen zeigen sich bei manchen Patienten die schöpferischen Kräfte der während der Analyse entwickelten, sekundär-autonomen Ich-Funktionen erst lange nach Abschluß der Analyse. Die produktiven, kreativen Kräfte waren während der Analyse durch die Über-Ich-Rolle des Analytikers daran gehindert, einen Ausdruck zu finden, obschon alle Voraussetzungen gegeben waren.

Der analytische Prozeß erfolgt am Erleben und nimmt erst sekundär am Verstehen Gestalt an. Er orientiert sich an dem, was Analysand und Analytiker erleben. Das Erleben ist etwas anderes als das Verstehen und die Theorie. Die Metapsychologie ist deskriptiv. Sie kann nichts anderes sein, und sie kann das, was erlebt wird, nicht erfassen.

Das Unbewußte und das Es

Beschreibt die Metapsychologie das Unbewußte, bezieht sie sich immer auf etwas, das vom Unbewußten bewirkt oder woran es sichtbar wird. Das Unbewußte selbst ist nichts Faßbares. Freud hat in der »Neuen Folge der Vorlesungen« über das Es geschrieben, es sei der dunkelste Teil der menschlichen Psyche. Er charakterisiert das Es als etwas Unbestimmbares, das kein Ziel, keine zeitlichen Abläufe, keine Bedingungen, keine Wertungen kennt. Das Unbewußte ist ein energetisches Potential ohne Inhalte. Es ist Bewegung. Die wichtigste Eigenschaft des Unbewußten ist seine Ungerichtetheit. Es ist selbstverständlich, daß dort, wo Unbewußtes sich bemerkbar macht, immer etwas vorhanden sein muß, an dem es sich zeigt. Bis ungefähr 1923 hatte Freud das Unbewußte mit dem Es gleichgesetzt und das Bewußte dem Ich zugeschrieben.

Mit der Neuformulierung der Libidotheorie (»Hemmung, Symptom und Angst«, 1926) und seiner Studie

»Das Ich und das Es« hatte Freud strukturelle Gesichtspunkte in die Metapsychologie eingeführt, die später zur eigentlichen Ichpsychologie erweitert wurden. Aus der Strukturtheorie ergab sich, daß das Unbewußte nicht nur dem Es angehört, sondern daß auch im Ich unbewußte Anteile liegen.

Wenn wir feststellen, daß das Unbewußte sich an etwas heftet, wo es faßbar wird, zum Beispiel an eine unbewußte Vorstellung, an einen unbewußten Wunsch, ist es irrtümlich anzunehmen, diese Vorstellung oder dieser Wunsch gehöre zum Es, denn innerhalb des Es kann etwas Faßbares überhaupt nicht vorkommen. Unbewußte Vorstellungen, Wünsche etc. gehören zu den unbewußten Anteilen des Ich. Das Unbewußte im Es macht sich in dem bemerkbar, was sich als emotionale Bewegung äußert. Sie schwingt in allem, was wir erleben, mit, in jeder Bewegung, in jedem Satz, den wir aussprechen, in jeder Kontaktnahme mit der Umwelt und mit uns selbst. Das Emotionale begleitet alle unsere Aktivitäten und Handlungen. Die dem Es zugehörigen unbewußten, ungerichteten Triebregungen passen sich in jeder Situation den Gegebenheiten an, die vom Ich als Bahnung bestimmter Triebregungen, die bestimmte Ziele anstreben, kontrolliert werden.

Um diese Verhältnisse zu veranschaulichen, möchte ich kurz auf die Beziehung eingehen, die zwischen Libido- und Ichentwicklung im Kleinkindesalter besteht. René Spitz und andere, die sich der direkten Beobachtung der Kleinkinder zuwandten, haben nachgewiesen, daß zu jeder Phase der Libidoentwicklung ganz bestimmte Ichfunktionen gehören, die entwicklungsmäßig parallel zu den Libidobesetzungen in den Vordergrund treten. Innerhalb der oralen Phase reifen Ichfunktionen, die mit dem

Einverleiben, Etwas-in-sich-Aufnehmen, zu tun haben. In der sado-analen Phase entwickelt das Ich die Fähigkeit, etwas festzuhalten oder loszulassen, und in der phallisch-narzißtischen Phase lernt das Ich, Dinge in der Umwelt zu bewältigen, sich ihrer zu bemächtigen und aktiv, außerhalb des Ich, Veränderungen zu bewirken. Als Prinzip ergibt sich daraus, daß die Resultate der Libidoentwicklung einerseits und die Ichfunktionen andererseits die Strukturen innerhalb der Psyche darstellen, an welchen sich die ungerichteten Triebregungen des Es manifestieren, daß heißt dem Erleben einen ganz bestimmten emotionalen Beiklang, eine Färbung geben. Die ungerichteten Triebregungen als solche sind nicht faßbar und haben auch in keiner Weise irgendeinen Charakter.

Wenn wir als Analytiker mit unserem Analysanden den analytischen Prozeß einleiten, sind wir von der ersten Stunde an mit dieser ungerichteten, vom Es stammenden, emotionalen Bewegung konfrontiert. Es handelt sich dabei nicht nur um die emotionale Bewegung unseres Analysanden, sondern auch um unsere eigene. Wir dürfen nicht glauben, diese emotionalen Bewegungen durchschauen oder kontrollieren zu können. Auch wenn der Analytiker noch so zurückhaltend ist und sich in Schweigen hüllt, äußern sich emotionale Kräfte.

Der Traum – die via regia zum Unbewußten

Bereits in den Anfängen der psychoanalytischen Entwicklung hatte Freud erkannt, daß der Traum einen ganz besonderen Zugang zum Unbewußten ermöglicht. Er war von dieser Erkenntnis derart fasziniert, daß er begann, seine eigenen Träume aufzuschreiben, zu beobachten und zu deuten. Freud entdeckte dabei, daß der Traum den oben beschriebenen Gesetzmäßigkeiten folgt. Das Unbewußte aus dem Es manifestiert sich an den Strukturen, die sich aus der Libido- und Ichentwicklung ergeben. Die unbewußten Triebregungen nehmen dort Gestalt an. Freud kam dazu, von einem manifesten Inhalt des Traums zu sprechen und dem den latenten, unbewußten Inhalt des Traums gegenüberzustellen. Historisch betrachtet, entspräche der latente Trauminhalt dem, was zum Es gehört, während der manifeste Trauminhalt das wäre, was ichgerecht ist. Da seit der Einführung der Strukturtheorie in die Metapsychologie das Unbewußte nicht nur dem Es, sondern auch dem Ich zugehört, muß im unbewußten latenten Trauminhalt zwischen unbewußten Es-Regungen und unbewußten Ich-Anteilen unterschieden werden. Unbewußte Vorstellungen und Wünsche, die im latenten Traum wirksam sind, gehören zu den unbewußten Ich-Anteilen und sind das Resultat innerpsychischer Vorgänge, die im Augenblick der Traumbildung mit nicht zufälligen, sondern hochspezifischen Besetzungen des Träumers Priorität erlangen.

Das ist beim Traum nicht anders als bei allen Handlungen, Erfahrungen, Gedanken und Vorsätzen, die wir in unserem Leben haben. Alles folgt den Triebschicksalen, die in früher Kindheit angelegt sind. Die Triebschicksale bestimmen, welche Ichstrukturen und welche Libidobesetzungen Priorität erlangen. Gerade in dieser Priorität bestimmter Handlungs- und Erlebnismodalitäten zeigt sich das Unverwechselbare eines psychischen Vorgangs bei diesem Menschen und keinem anderen, wenn er mit jenem und keinem anderen in eine bestimmte Beziehung tritt. Was das Spezifische ausmacht, stammt von der mitschwingenden emotionalen Bewegung, von den ungerichteten Triebregungen des Es, die sich den geformten, gezielten, objektbezogenen, inhaltlich relevanten unbewußten Ichanteilen zuwenden und ihnen einen emotionalen Klang, eine Färbung oder, wie ich meine, eine bestimmte Tendenz vermitteln. Der latente Trauminhalt kann nicht dem Es zugehören, denn innerhalb des Es gibt es keine Inhalte. Sprechen wir beim latenten Trauminhalt von unbewußten Wünschen, so handelt es sich nicht um Äußerungen des Es, sondern um Äußerungen der unbewußten Anteile des Ich.

Freud hat in seiner *Traumdeutung* diesen Aspekt merkwürdig wenig berücksichtigt. Das kommt daher, daß er genetisch interessiert war. Er war vor allem neugierig, herauszufinden, was in der frühen Kindheit geschehen ist und wie die Zusammenhänge mit der fortschreitenden psychischen Entwicklung verstanden werden können. Freud war nur sekundär an der Dynamik des psychischen Geschehens interessiert. Er wollte rekonstruieren. In seinen klinischen Schriften – z. B. über Miss Lucy R. oder in den »Bruchstücken einer Hysterieanalyse«, über die Geschichte einer infantilen Neurose oder die Pferdephobie des kleinen Hans: Immer richtet sich Freud darauf aus zu zeigen, wie die Zusammenhänge der Beziehungen des Kindes zu seinen Eltern waren und weshalb der Ödipuskomplex in dieser Form oder in einer anderen zu Symptomen führte.

Freud hatte frühzeitig entdeckt, daß sich der Analytiker in seiner Beziehung zum Analysanden zurechtfinden muß, um einen Zugang zum Unbewußten zu erlangen. Zur Erklärung der Entstehung der Neurosen ergänzte er die Traumatheorie mit der Konflikttheorie und entwickelte das Konzept der Übertragung. Er zeigte, daß Erlebnismuster aus der Vergangenheit an einer neuen Beziehung wiederbelebt werden und nicht mehr realitätsgerecht sind. Die emotionale Spannung, die dabei entsteht, ist Ausdruck der unbewußten Triebregungen des Es, die einst dem kritischen Konflikt in der Kindheit diese und keine andere Erlebnisqualität zugeordnet haben. Es ist genau diese Erlebnisqualität, die sich in der Übertragung wiederholt und an Haltungen, Einstellungen, Abwehren, Erotisierungen, Phantasien, Projektionen und Affektäußerungen erkennbar ist. Obschon sich das, was der Analysand in der Übertragung erlebt, auf bestimmte, meist verdrängte Inhalte bezieht, kann er sich ihrer nicht erinnern, solange er seine Gefühle in der analytischen Beziehung agiert. Die emotionale Bewegung in der Übertragung folgt der Tendenz der unbewußten Motivationen, die den Analysanden zu einer bestimmten Verhaltensweise drängen, die sich in seiner Motorik, in der Mimik, den Affekten und in allen Einfällen äußern, die sich auf seine Einstellung zur Analyse und zum Analytiker beziehen. Aus der Summe der Übertragungsäußerungen zeichnet sich gleichsam pantomimisch das anachronistische Erlebnismuster ab, wobei die Tendenz der unbewußten Motivationen an der Art und Weise des Umgangs mit Analyse und Analytiker Gestalt annimmt. Die formalen und strukturellen Eigenschaften der Äußerungen des Analysanden, die unbewußt oder vorbewußt sind, stellen das manifeste Bild des latenten Erlebnismusters dar, das den kritischen Konflikt in der Kindheit emotional charakterisierte. Die bewußten Vorstellungen und Erinnerungen, die der Analysand im Rahmen der Übertragungserlebnisse vorbringt, sind das manifeste Bild der von der Zensur der Ichkontrolle unkenntlich gemachten Inhalte des latenten, unbewußten Konflikts. Der Analytiker muß zu seiner Information die Tendenz der unbewußten Motivation diagnostizieren, um die bewußten Inhalte der Äußerungen seines Analysanden in ihrer unbewußten Bedeutung zu erkennen. Diese Erkenntnis stellt die Information dar, die der Analytiker benötigt, um zu entscheiden, was er gegebenenfalls deutet.

Primär- und Sekundärprozeß

Am Traum widerspiegelt sich die gleiche Psychodynamik. Um diese Verhältnisse in die Traumdiagnostik einzubeziehen, hat Freud im 7. Kapitel der *Traumdeutung* zwei neue Begriffe eingeführt. Er nannte das, was bei der Traumbildung Ausdruck der unbewußten Triebregungen des Es ist, den Primärvorgang und das, was sich im manifesten Traum zeigt, den Sekundärvorgang. Zum Primärvorgang gehört die Erlebnisqualität des Traums, die sich aus der Tendenz der unbewußten Motivationen ergibt, die im Traum enthalten, aber verborgen sind. Zum Sekundärvorgang gehören die bewußtseinsfähigen Vorstellungen des manifesten Trauminhalts, der Traumsituation und der Assoziationen zum Traum. Sie stehen unter der Traumzensur, die von Freud auch als Aktivität des schlafenden Ich bezeichnet wurde, und unter der Zensur der Ichkontrolle, was den Umgang des Träumers mit seinem Trauminhalt anbelangt. Durch die Zensur werden die Inhalte des latenten, unbewußten Traumbereichs unkenntlich gemacht. Zum Sekundärvorgang gehört alles, was eine Bahnung erfährt, was vorstellbar, faßbar, beschreibbar ist. Am Sekundärvorgang kann man sich orientieren. Der Primärvorgang ist unfaßbar, denn er ist ziellos, kennt keine Bedingungen, ist objektlos, zeitlos und ungerichtet.

Der amerikanische Theoretiker der Ichpsychologie

Rapaport hat das Konzept Freuds verwendet, um in der Ichpsychologie die Begriffe Primärprozeß und Sekundärprozeß einzuführen. Zum Sekundärprozeß zählt er alles, was den Ichstrukturen entspricht und was entsprechend den Triebschicksalen in der Abwehrorganisation wirksam ist. Wilhelm Reich war der erste, der diese Verhältnisse pointiert dargestellt hat. In seinem Buch *Charakteranalyse* hat er die Unterschiede hervorgehoben, die zwischen einer hysterischen Charakterneurose, einer Zwangsneurose, einem triebhaften Charakter etc. gefunden werden können. Wilhelm Reich zeigte auf, wie ganz bestimmte Ichfunktionen, Abwehrformationen und Libidobesetzungen gegenüber anderen eine Priorität zugesprochen erhalten, die sich aus den Triebschicksalen herleitet. Ein hysterischer Charakter weist innerhalb der Ichfunktionen andere Prioritäten auf als ein Zwangscharakter, ein Phobiker oder ein Symptomneurotiker. Im Ganzen betrachtet hat die Ichpsychologie, zu ihrem Vorteil und zur Klärung vieler Probleme, die einst von Freud für die Traumdeutung und Traumtheorie geprägten Begriffe des Primär- und Sekundärvorgangs übernommen und so erweitert, daß sie für den ganzen psychischen Haushalt gültig sind.

Bei der Traumbildung gehören nur die dem Es zugehörigen ungerichteten Triebregungen zum Primärprozeß. Sie erfüllen den latenten Trauminhalt mit emotionaler Bewegung und stellen die Erlebnisqualität des Traumes dar. In dem Maß, in dem sie diese Funktion erfüllen, folgen die Triebregungen dem Einfluß der Ich- und Libidofunktionen, die im Augenblick der Traumbildung Priorität erlangen. Sie nehmen die Richtung an, die diese Ichaktivitäten wählen, und verleihen ihnen den spezifischen Erlebnischarakter. Diese Richtung, der die Triebregungen jetzt folgen, entspricht der unbewußten Tendenz des Traumes.

Sie ist das Resultat einer dialektischen Wechselwirkung zwischen Primär- und Sekundärprozeß. Die Richtung, die die Ichaktivitäten wählen, wird vom Realitätsprinzip bestimmt, das das Ich und seine Triebschicksale zwingt, diesen und keinen anderen Weg einzuschlagen, um die Vehemenz der triebhaften Es-Regungen soweit zu mäßigen, daß keine oder nicht eine überwältigende Angst auftritt. Bei der Traumbildung übernimmt die Traumzensur – eine unbewußte Ichleistung – die Funktion, den latenten Trauminhalt zum bewußtseinsfähigen manifesten Traum umzuformen. Mit dieser Umformung können die unbewußten Es-Regungen nicht zum Verschwinden gebracht werden. Sie äußern sich im manifesten Traum und in der Art, wie der Träumer mit ihm umgeht, an den formalen und strukturellen Signalen, die die Richtung der Erlebnisweise anzeigen. Diese Signale sind unbewußt und entstehen im Ich unter dem direkten Einfluß des Primärprozesses, weil sie die Erlebnisqualität der Ichaktivitäten ausdrücken. Was der Träumer inhaltlich von seinem Traum erinnert, was er berichtet und dazu assoziiert, ist bewußt und steht unter dem direkten Einfluß des Sekundärprozesses, der die Inhalte des unbewußten latenten Traums unkenntlich macht. Die Ichstruktur des Träumers und seine Triebschicksale bestimmen die Prioritäten, nach welchen die sekundärprozeßhafte Umformung des latenten zum manifesten Traum erfolgt.

Was der Träumer von seinem Traum vergessen hat, was er nicht mehr erinnert, was vor- oder unbewußt ist, kann unter dem Einfluß des Primärprozesses stehen und ist für die Erlebnisqualität des Traumes signifikant. Die Äußerungen und Reaktionen des Träumers, die sich auf diese Erscheinungen beziehen, sind Signale, die auf die unbewußte Traumtendenz hinweisen. Doch ist nicht alles, was unbewußt ist, primärprozeßhaft. Zum Teil gehört das Unbewußte zu den unbewußten Ichanteilen. Dazu gehören die unbewußten Wünsche, Vorstellungen, Verdrängungen, Schuldgefühle, Idealisierungen und Ängste. Alles, was zu den unbewußten Ichanteilen gehört, hat eine individuelle Geschichte, ist aktualisierte Vergangenheit und war einst eine Manifestation von Ichfunktionen und Libidobesetzungen, die – wenn auch unbewußt geworden oder unbewußt gemacht – psychisch weiterhin wirksam sind. Alle unbewußten Ichanteile gehören in einem anachronistischen Sinn zum Sekundärprozeß.

Bei einer Traumanalyse muß der Analytiker zu seiner Information die unbewußte Tendenz des Traumes diagnostizieren, bevor er etwas zu deuten beginnt. Als Analytiker ist er zunächst am primärprozeßhaften Unbewußten interessiert und erst in zweiter Linie an den Ergebnissen der sekundärprozeßhaften Umformungen, die am manifesten Trauminhalt Gestalt annehmen. Man kann nicht fragen, was im primärprozeßhaften Unbewußten in Bewegung ist, weil es das gar nicht gibt. Was sich im primärprozeßhaften Unbewußten bewegt, ist ungerichtet, ziellos, objektlos. Erst durch die Einstellung des Ich und seine strukturellen Gegebenheiten, die der Träumer mitbringt, erhält das, was sich im Emotionalen bewegt, eine bestimmte Richtung und eine spezifische Bedeutung, die die unbewußte Traummotivation ausmacht. Analog zur Psychodynamik der Übertragung, in welcher die Tendenz der unbewußten Motivationen der Analysanden zu einer bestimmten unbewußten Verhaltensweise drängen, ist auch die Psychodynamik des Traumgeschehens zu verstehen, in welcher die unbewußte Traummotivation den Träumer veranlaßt, in einer immer spezifischen – zum Teil vorbewußten, zum Teil unbewußten – Art und Weise mit seinem Traum umzugehen. Der Umgang mit dem Traum ist hochspezifisch für diesen Träumer. Er ist hochspezifisch für die Situation, in welcher der Traum geträumt wurde und für das, was gerade jetzt, und weder früher noch später, in der Beziehung zum Ausdruck kommt, die der Träumer zu dem und keinem anderen hat, dem er den Traum erzählt.

Die unbewußte Tendenz des Traumes

So wie sich aus der Summe der Übertragungsäußerungen im analytischen Prozeß gleichsam pantomimisch das anachronistische Erlebnismuster abzeichnet, widerspiegelt sich die unbewußte Traumtendenz an der Summe der Umgangsformen des Träumers mit seinem Traum. So wie die unbewußten formalen und strukturellen Übertragungsäußerungen des Analysanden das manifeste Bild des latenten Erlebnismusters darstellen, sind in der Traumanalyse die formalen und strukturellen Gegebenheiten des manifesten Traumbildes, die Sukzession der Einfälle und die formalen und strukturellen Signale im Umgang des Träumers mit seinem Traum die Mittel, um die unbewußte Traumtendenz zu diagnostizieren.

Demgegenüber sind, wie im analytischen Prozeß, die bewußten Vorstellungen und Erinnerungen und das manifeste Bild des Traumes die von der Traumzensur und der Zensur der Ichkontrolle unkenntlich gemachten Inhalte des latenten Traumes.

Die Traumtheorie sagt, Kinderträume seien offene Wunscherfüllungsträume. Das Kind hilft den Eltern Kirschen pflücken und muß die Früchte in einen Korb legen und nach Hause tragen. Es ist gut erzogen und folgsam.

Deshalb hat es alle Kirschen nach Hause gebracht und keine unerlaubt gegessen. Das Kind geht schlafen und träumt, es habe einen Korb voller Kirschen vor sich und esse sie alle auf. Das ist direkte, unverschleierte Wunscherfüllung. Daran kann man erkennen, wie das Unbewußte im Traum zur Wunscherfüllung drängt. Das ist Theorie. An dieser Theorie ändere ich nichts, ich nehme sie in jeder Form an. Es ist zutreffend, daß jeder Traum einer unbewußten Wunscherfüllung entspricht.

Als Techniker der Traumdeutung interessiert mich das zunächst nicht, weil die Wunscherfüllung, Kirschen zu essen, bereits zu den Ichleistungen gehört. Diese Ichleistungen haben sich an der Erfahrung gebahnt, Kirschen gepflückt zu haben und den erzieherischen Einflüssen der Eltern gefolgt zu sein. Folglich will das Ich jetzt wenigstens im Traum sich das erfüllen, was es im Wacherleben nicht konnte. Das sind unbewußte Ichleistungen. Ich sage nicht, ich sei an den unbewußten Ichleistungen nicht interessiert. Aber als Analytiker bin ich vor allem – und das hat für mich Priorität – an den Auswirkungen der unbewußten Es-Anteile interessiert.

Ich will mehr wissen über diesen Kirschentraum. Ich frage zum Beispiel: Woher wissen Sie, daß das Kind diesen Traum gehabt hat? Die Frau, die mir den Traum erzählte, antwortet: »Das Kind hat seinen Traum unserem Dienstmädchen erzählt.« Dann stellt sich heraus, daß das Dienstmädchen den Traum der Mutter berichtet hat und die Mutter ihn jetzt mir weitererzählt. Daraus ergibt sich, daß das Kind nicht zur Mama gegangen ist, um ihr den Traum zu erzählen, sondern das Dienstmädchen gewählt hat, wohl wissend, daß dieses Dienstmädchen den Traum der Mutter weitererzählt.

Wie könnten wir aufgrund dieser Geschichte die unbewußte Tendenz dieses Kindertraumes erraten? Vom Kind wissen wir wenig. Richte ich die Aufmerksamkeit darauf, wie die Mutter den Traum ihres Kindes dazu benutzt, vorzuführen, wie frei ihr Kind träumen könne, dabei aber die Kolportage des Traumes über das Dienstmädchen benötigt, um mit dem Unbewußten ihres Kindes in Kontakt zu treten, wird der Konflikt, in dem sich das Kind befindet, spürbar. Da die Frau, die mir den Traum erzählt hat, bei mir in Analyse stand, verfügte ich über zahlreiche Informationen, die sich bei mir zu der Vorstellung verdichtet haben, daß dieses Kind Angst hat, so manipuliert zu werden, wie es die Kirschen manipuliert. Es hat Angst, von der Mama gefressen zu werden, wie es selbst die Kirschen ißt. Das will das Kind vermeiden, indem es den Traum dem Dienstmädchen erzählt, so wie der Hänsel im Märchen der blinden Hexe statt seines Fingers ein Knöchelchen hinstreckt, um sie im Glauben zu lassen, er sei noch viel zu mager, um schon verspeist zu werden. Aus allem, was ich im Laufe der Analyse vom Seelenleben dieser Frau erfahren hatte, ergab sich in meinen Assoziationen ein Summationseffekt, aus dem ich schloß, daß das Kind das Dienstmädchen gewählt hatte, um die penetrierenden, großen Figuren seines Erlebnisbereichs loszuwerden und sich vor Manipulation zu schützen.

Mit diesem Beispiel wollte ich zeigen, wie wichtig es ist, sich bei der praktisch durchgeführten Traumdiagnostik nicht mit den Erkenntnissen der Traumtheorie allein zu begnügen, diese Erkenntnisse vielmehr erst dann herbeizuziehen, wenn die unbewußte Tendenz des Traumes transparent geworden ist. Hier waren vor allem die Zusammenhänge zwischen Traumerzählung und der Person, die den Traum zu hören bekam, wegleitend, um unter Zuhilfenahme aller bereits bekannten Informationen assoziative Verknüpfungen vorzunehmen, die die unbewußte Tendenz des Traumes erkennen ließen.

An einem weiteren, konstruierten Beispiel möchte ich zeigen, wie kompromißlos wir in der Traumdiagnostik die Tendenz, die von der emotionalen Bewegung ausgeht, verfolgen und aufdecken müssen, wenn wir den unbewußten Sinn eines Traumes verstehen wollen.

»Ich setze mich jeden Morgen vor Arbeitsbeginn in einen Tea Room. Ich habe eine Viertelstunde Zeit und lese die Zeitung. Wenn die Kellnerin kommt, bestelle ich einen Kaffee. So geht das Tag für Tag. Eines Morgens kommt die Kellnerin wie gewöhnlich, stellt mir den Kaffee hin und sagt, während ich noch die Zeitung lese: ›Ich habe von Ihnen geträumt‹. Ich schaue auf. Die Kellnerin fügt hinzu: ›Ich habe geträumt, ich bringe Ihnen einen Kaffee‹. Ich bin erstaunt, lege die Zeitung beiseite und bin etwas verwirrt. Die Kellnerin sagt: ›Wissen Sie, ich habe gestern meinen freien Tag gehabt. Deshalb habe ich Ihnen den Kaffee nicht gebracht. Vielleicht ist das der Grund, weshalb ich träumte, Ihnen einen Kaffee zu bringen.‹ Daraufhin geht sie weg.«

Was können wir über diesen Traum sagen? Da ich die Kellnerin kaum kenne, sie weder bei mir in Analyse steht noch zu ihrem Traum andere Assoziationen vorgebracht hat als die des freien Vortages, eignet sich das Traumbeispiel, um praktisch darzustellen, was ich unter den formalen und strukturellen Gesichtspunkten verstehe, von denen ich behaupte, daß sie das diagnostische Mittel zur Auffindung der unbewußten Traumtendenz seien.

Unter den millionenfachen Möglichkeiten, die dieser Frau in dieser Nacht zur Verfügung gestanden sind, um einen Traum zu träumen und danach mit ihm umzugehen, hat sie eine hochspezifische Form gefunden, das vorzuführen, was sie durch nichts anderes hätte ausdrücken können. Man könnte sagen, sie hätte diesen Traum ebensogut ihrem Chef oder ihrer Mutter erzählen können, die ihr vielleicht den Kaffee zubereitet, bevor sie morgens zur Arbeit geht. Darauf entgegne ich: Gewiß hätte sie ihren Traum ihrem Chef oder ihrer Mutter erzählen können, doch hätte dann der Traum einen anderen unbewußten Sinn. Ich frage: Weshalb hat sie den Traum nicht vergessen? Warum hat sie nicht geträumt, ein Eichhörnchen im Zoo zu streicheln? Weshalb bringt sie diesen einen Kaffee und nicht eine Eiscrème oder Spaghetti mit Tomaten und weshalb findet die Traumszene im Tea Room statt, wo ich jeden Morgen sitze, meinen Kaffee bestelle und Zeitung lese? Sie könnte doch auch träumen, sie fahre in Tahiti auf einem Segelboot und treffe auf einer Insel de Gaulle. Alle diese unsinnig scheinenden Fragen unterstreichen bloß, wie hochspezifisch diese eine formale Gegebenheit ist, die sich im Traum auskristallisiert.

Betrachtet man die formalen und strukturellen Elemente des Traumes und der Traumerzählung, ergibt sich zunächst, daß im manifesten Traum eine Handlung vorkommt, die der Tätigkeit entspricht, die die Träumerin täglich verrichtet. Die Bewegung, die die unbewußten Es-Regungen enthält, lehnt sich an die routinemäßigen Ichaktivitäten des Servierens an und ergibt sich aus der Traumerzählung, weil sie mit dem Traum genau so umgeht, wie mit dem Kaffee. Sie serviert gleichsam den Traum ihrem Gast, wie sie ihm den Kaffee serviert. Man kann auch fragen: »Was hat die Kellnerin gebracht?« Die Antwort lautet: »Sie hat den Traum gebracht«. Folglich ist der Kaffee, den sie im Traum bringt, ihr Traum. Es handelt sich um eine Verdichtung, die in der psychoanalytischen Technik eine andere Bedeutung hat als in der psychoanalytischen Theorie. Theoretisch weist der Begriff Verdichtung auf eine vielschichtige Überdeterminierung. Technisch läßt sich aus einer Verdichtung die Tendenz einer unbewußten Motivation ableiten. Weil in der Handlung des manifesten Trauminhalts die gleiche Bewegung erfolgt wie in der Traumerzählung – die Bewegung, jemandem etwas zu bringen –, kann ich im Inhalt des manifesten Traumbildes den Begriff »Kaffee« durch den Begriff »Traum« ersetzen. In der Sprache der unbewußten Traumtendenz lautet dann der Traum: »Ich träumte, ich bringe Ihnen einen Traum«. Folglich hatte die Kellnerin am Vorabend ihrer Traumnacht die unbewußte Absicht, mir und niemand anderem am folgenden Morgen eine Mitteilung aus ihrem Seelenleben zu machen. Über die Motivation dieser unbewußten Tendenz läßt sich nichts aussagen.

Zu den formalen Gegebenheiten der Traumerzählung gehört auch die Sukzession aller Elemente, sowohl des Traumes selbst, als auch der Art und Weise, wie mit ihm umgegangen wird. Die Träumerin bringt zuerst den Kaffee und erzählt dann den Traum und nicht etwa umgekehrt. Wenn ich probeweise, wie bei einem Experiment, die Sukzession umkehre und mir vorstelle, was geschehen wäre, wenn die Kellnerin an Stelle des Kaffees, den ich bestellt hatte, ihren Traum gebracht hätte, kann ich alles mögliche phantasieren. Ich kann nur eines mit Sicherheit sagen: Die Ichkontrolle der Träumerin hat dafür gesorgt, daß die Exhibition von dem, was dann hätte geschehen können, nicht ins Bewußtsein zugelassen wurde, obschon es im Unbewußten bereitlag. Die Exhibitionstendenz ist unzweifelhaft, weil die Kellnerin dem Gast den Traum erzählte.

Bringt die Kellnerin zuerst den Kaffee, erfüllt sie ihre

Funktion. Der Gast kann beruhigt und zufrieden sein. Der danach erzählte Traum wirkt bloß wie ein merkwürdiges Anhängsel, eine Nebensache ohne Bedeutung. Diese Verhältnisse wiederholen die Vorgänge, die bei der Traumbildung wirksam waren. Die unbewußte Traumzensur der Träumerin hat ihre Funktion erfüllt. Das bewußte Ich kann beruhigt und zufrieden sein. Das Unbewußte wirkt bloß wie ein merkwürdiges Anhängsel, eine Nebensache ohne Bedeutung: die Exhibitionstendenz. Diese Überlegungen sind nun nicht mehr formalen, sondern strukturellen Gesichtspunkten gefolgt. Daraus ergibt sich, daß die unbewußte Traumtendenz die Träumerin veranlaßt, den Gast, dem sie den Traum erzählt und der auch im Traum vorkommt, durch den Umgang mit dem Traum in eine bestimmte Rolle zu drängen. Er soll auf den Traum so ansprechen, wie das bewußte Ich der Kellnerin auf die unbewußte latente Tendenz des Traumes angesprochen hat. Das läßt den traumdiagnostischen Schluß zu, daß der Gast im Traum die Träumerin selbst darstellt. Wer sie selbst im Traumbild ist, bleibt dahingestellt. Darüber können wir nichts aussagen, ohne weitere Informationen zur Verfügung zu haben. Da es sich um ein konstruiertes Traummuster handelt, nehme ich als zusätzliche Information an, es hätte sich aus weiteren Assoziationen der Kellnerin ergeben, daß sie im manifesten Traumbild nicht eine andere Person darstellt, sondern sie selbst ist. In der Sprache des unbewußten latenten Trauminhalts brächte sie sich selbst immer wieder den von ihr selbst bestellten »Kaffee«. Traumdiagnostisch läßt sich daraus schließen, daß die unbewußte Traumtendenz autoerotischer Natur ist. Aus der Traumsituation ergibt sich, daß sie am Tag vor der Traumnacht nicht tun konnte, was sie sonst immer macht, und deshalb der triebhafte Impuls zur

Traumbildung führte, in welcher exhibitorische Wünsche, die mit der Autoerotik zusammenhängen, die Motivation der unbewußten Traumtendenz sind.

Ich komme nun zu einem Traum aus einer Analyse. Eine Frau berichtet zu Beginn ihrer Analysestunde folgenden Traum aus der vergangenen Nacht:

»Ich bin in einem großen Raum mit vielen Frauen, nur Frauen in diesem Raum. Alle sind weiß gekleidet. Ich sehe mich, wie ich eine Treppe hinuntergehe, die nur wenige Stufen hat. Ich habe einen Teller in der Hand. Auf dem Teller liegt etwas. Ich weiß nicht, was es ist. Unten an der Treppe lege ich den Teller jemandem hin. Es ist völlig unklar, wer das ist. Nachdem ich den Teller hingegeben habe, trage ich einen wunderschönen weißen Hut und sehe, daß alle Frauen einen weißen Hut tragen, nur ich habe den allergrößten und schönsten Hut.«

Ich betone erneut, daß es hochspezifisch ist, daß die Analysandin diesen Traum und keinen anderen ihrem Analytiker und nicht irgend jemandem erzählt. Es ist hochspezifisch, daß sie ihn nicht vergessen hat oder noch ein halbes Jahr zuwartet, bis sie den Traum berichtet, sondern daß sie ihn unmittelbar nach der Traumnacht zu Beginn der Analysestunde erzählt.

Woran ist die unbewußte Tendenz in diesem Traum zu erkennen? Wo ist die Bewegung?

Ich frage nicht nach der Wunscherfüllung. Im manifesten Inhalt liegt sie scheinbar auf der Hand. Die Frau wünscht sich, schön zu sein. Analytiker könnten auch denken, der Teller habe etwas mit dem Oralen zu tun. Das wäre eine thematische, deskriptive Überlegung und ginge an der unbewußten Tendenz vorbei. Die Bewegung liegt im Traum selbst. Die Träumerin geht die Treppe hinunter und gibt jemandem den Teller. Eine analoge Bewegung läßt sich erkennen, wenn ich folgendes sage: Die Frau hat ihren Traum erinnert. (Sie könnte ihn ja auch vergessen haben!) Mit diesem Traum in Gedanken verläßt sie ihre Wohnung und macht sich auf den Weg in die Analysestunde. Dabei denkt sie sich: jetzt erzähle ich dann diesen Traum. Sie legt sich hin und erzählt ihrem Analytiker den Traum. Folglich sage ich mir, der Teller im Traum ist der Traum. Die Treppe, die sie im Traum hinuntersteigt, entspricht der Erwartung, den Traum zu erzählen, ihn loszuwerden, ihn abzulegen, so wie sie im Traum den Teller loswird, ihn jemandem gibt. Das hat dann zur Folge, daß sie sich schön fühlt.

Es stellt sich die Frage, was das bedeutet. Handelt es sich um eine narzißtische Befriedigung? Ist die verschwommene Figur unten an der Treppe der Analytiker? Was bedeuten die vielen Frauen, die auch einen weißen Hut tragen?

Zunächst halte ich fest, daß auch in diesem Traum eine Verdichtung vorliegt. Der Teller im Traum ist dasselbe wie die Traumerzählung in der Analysestunde. Die Absicht, den Traum zu erzählen, ist bereits im Traum selbst enthalten. Folglich liegt in der unbewußten Tendenz eine Erwartung. Zunächst ist es einfach die Erwartung, diesen Traum erzählen zu können. Aber gerade diese Feststellung lenkt mich auf die Frage: »Weshalb gerade heute, weshalb nicht erst in einer Woche oder bereits vor zwei Monaten?« Ein zeitliches Moment spielt sicher eine Rolle. Ich suche nach formalen und strukturellen Elementen, die mir weiterhelfen, und erinnere mich an Zusammenhänge, die Freud in der Traumdeutung entdeckt hatte. Es handelt sich um die Erfahrung, daß eine Multiplikation in der horizontalen Ebene des manifesten Traumbildes die unbewußte Bedeutung hat, daß sich eine Tendenz in der

Vertikalen zeitlicher Abläufe immer wiederholt. Träume, in denen eine Schar von Soldaten oder eine Gruppe von vielen Kindern oder eine große Herde von gleichartigen Tieren oder ein Hügel mit vielen Tannen, eine Gruppe von Tänzern, die alle gleich gekleidet sind, vorkommen, können zu dieser Art von Träumen gezählt werden. Oft, aber nicht immer, erscheint im Traum eine Ausnahme. Der Träumer sieht eine Schar von Soldaten. Unter all den Soldaten hat einer keine Mütze auf dem Kopf, und der Träumer erkennt ihn als den Franz. Das heißt, daß die vielen, im horizontalen Bild des Traumes multiplizierten Soldaten die immer gleichartig sich wiederholenden Erlebnisse der Vergangenheit darstellen. Daß einer der Soldaten keine Mütze trägt und als Franz erkannt wird, weist auf die Erwartung, daß unmittelbar bevorstehend sich im Erleben etwas verändert.

Die vielen weiß gekleideten Frauen stellen die Multiplikation in der Horizontalen dar und bedeuten die vielen Analysestunden der unmittelbaren Vergangenheit. In der Nacht vor der Analysestunde, in der die Träumerin den Traum erzählt hat, entwickelte sich etwas Neues. Im Traum nimmt die Frau die Erwartung vorweg, in der nächsten Analysestunde etwas anderes, noch nie Dagewesenes zu erleben, denn sie stellt den Teller jemandem hin, wie sie den Traum dem Analytiker hinstellt, und setzt sich nun mit dem größten und schönsten Hut von der gleichartigen Schar der vielen Frauen ab.

Der erste Schritt in der Traumdiagnostik lautet etwa so: Mit diesem Traum und der Möglichkeit, ihn so zu erzählen, erlebt die Analysandin etwas, das für sie großartig ist. Jetzt ist sie in der Lage, etwas auszudrücken, was sie nie zeigen konnte. Diese neue Form von Erleben ist möglich geworden, weil sich in der Übertragung etwas Wichtiges dekonfliktualisiert hatte, und eine emotionale Bewegung erlebt werden konnte, die bis dahin unterdrückt, gehemmt oder durch eine Verdrängung verunmöglicht war. Es handelt sich bei dieser Frau um einen Übergangstraum, in welchem der Durchbruch positiver Gefühle die unbewußte Tendenz ausmacht. Hat der Analytiker den Traum bis hierher verstanden, wird er sich zurückhalten und den Traum nicht deuten. Es gehört zu den Prinzipien der Technik, die positive Übertragung nicht zu deuten, sondern mit ihr zu arbeiten. Im analytischen Prozeß und ganz besonders im Umgang mit Träumen ist der Analytiker gut beraten, wenn er die Übertragungsentwicklung und das, was der Analysand in der Beziehung zu ihm erlebt, in den Mittelpunkt seiner Arbeit stellt.

Schlußfolgerungen

Erzählt mir ein Analysand einen Traum, fällt mir immer als erstes ein: Weshalb erzählt er diesen Traum jetzt? Das muß eine Bedeutung haben. Ich will also als erstes herausfinden, welche unbewußte emotionale Bewegung ihn veranlaßte, diesen Traum nicht zu vergessen, nicht jemand anderem zu erzählen oder, wenn er den Traum bereits jemandem erzählt hat, abzuklären, was ihn dazu motivierte und weshalb er gerade jene Person wählte und nicht eine andere. In der Traumdiagnostik darf man sich nicht verführen lassen, den deskriptiven, von Gefühlen durchzogenen Bildern zu folgen und auf thematische Inhalte einzugehen, den unbewußten Wunsch zu suchen und den Träumer aufzufordern, seine thematischen Einfälle noch anzubieten, um unsere Phantasie zu ergänzen. Alles, was dem Träumer zu seinem Traum einfallen kann, ist nichts anderes als das, was bewußtseinsfähig ist. Damit sage ich nicht, daß wir auf die Assoziationen des Träumers verzichten können. Wir sind in hohem Grad auf sie angewiesen, doch stehen reflektiert vorgebrachte Einfälle unter der gleichen Zensur wie der manifeste Trauminhalt. Die wichtigsten Einfälle zu einem Traum sind vom Unbewußten her gesteuert und zeigen sich von selbst. Da braucht man keinen Träumer dazu aufzufordern. Sehr häufig werden die wichtigsten Assoziationen zu Träumen antizipiert. Beginnt zum Beispiel ein Analysand mit einem Bericht über den Vortag, an welchem er mit seiner Freundin gestritten hat, und setzt dann seinen Bericht fort, er habe seine Mutter besucht, die ihm erzählte, der Vater hätte wieder einmal Krach geschlagen und sei dann weggegangen, um schließlich mitzuteilen, er habe im übrigen noch einen Traum gehabt, kann man sagen, daß alles, was der Analysand bisher berichtet hat, Assoziationen zum Traum waren. In einer solchen Situation spielt die Sukzession der Ereignisse nicht eine zufällige, sondern eine hochspezifische Rolle. Diese Spezifität ist dann nicht nur für die Traumstruktur und für die Art und Weise, wie der Analysand mit dem Traum umgeht, charakteristisch, sondern auch für die Beziehung, die der Träumer zu dem hat, dem er den Traum erzählt. Ist es der Analytiker, ist diese Spezifität auch typisch für die Übertragung.

Wir wissen nicht, ob sich in dieser Verhaltensweise ein Widerstand äußert. Es könnte sich auch um eine Umkehr ins Gegenteil handeln. Das Entscheidende liegt darin zu erkennen, daß sich die Assoziationen zu einem Traum immer in einer bestimmten und nicht in einer zufälligen Sukzession präsentieren. Daraus läßt sich schließen, welche formalen Aspekte auf die Techniken hinweisen, die die

Zensur verwendet hat, um bei der Traumbildung den latenten Inhalt zum manifesten umzugestalten.

Freud hat in der *Traumdeutung* die verschiedenen Techniken beschrieben, die bei der Traumarbeit wirksam sind. Dazu gehören die bereits hervorgehobene Technik der Verdichtung, die soeben erwähnte Umkehr ins Gegenteil, die Verschiebung, die Dezentralisation und schließlich die Umgestaltung durch Symbole. In den *Vorlesungen zur Einführung in die Psychoanalyse* erläutert Freud, was die verschiedenen Symbole bedeuten. In der Traumdiagnostik und in der praktisch durchgeführten Traumdeutung ist es wichtig, zunächst nicht auf die Symbolik einzugehen und zuzuwarten, bis sich aus den formalen und strukturellen Elementen des Traumaufbaus wie von selbst ergibt, daß beispielsweise ein Messer nichts anderes bedeuten kann als ein Sexualsymbol. Die Umformung durch Symbole ist ein besonders raffinierter Eingriff der Traumzensur, um die Bewegung der ungerichteten Triebregungen des Es in eine Objektvorstellung einzuschließen und zum Verschwinden zu bringen. Diese Hilfsvorstellung wird der komplexen Theorie der Symbolbildung nicht gerecht, dient aber der Traumdiagnostik als Mittel, die unbewußte Tendenz des Traumgeschehens zu erkennen. Im praktischen Umgang mit der Psychodynamik sind Hilfsvorstellungen oft nützlich, um sich immer wieder vor Augen zu führen, daß sich die psychoanalytische Technik nicht einfach aus der Metapsychologie ableiten läßt. Um die Psychodynamik der Traumbildung als Ganzes zu umschreiben, eignet sich folgende Hilfsvorstellung, um in der Traumdiagnostik den Weg zu finden, die Tendenz der unbewußten Motivation zum Traum zu erkennen.

Im Schlaf sitzt der Träumer als Besucher in einem Theater. Der Vorhang geht auf, und er sieht auf der Bühne eine

Szene, zum Beispiel den Sommernachtstraum von Shakespeare. Hinter den Kulissen sitzen die Traumregisseure. Das sind die Instanzen der unbewußten Ichanteile, die dafür sorgen, daß auf der Bühne alles so vor sich geht, wie es geplant ist und die zum Theater gehörenden Schauspieler in ihren Rollen, die sie darstellen, durch nichts gestört werden. Unter den Schauspielern, die je nach den Anweisungen der Theaterdirektion, unter der Leitung der Regisseure, die verschiedensten Theaterstücke aufführen können, gibt es Stars und Statisten. Zu den Stars zählen das Realitätsprinzip, die Kausalität, die Logik, das Gewissen. Zu den Statisten gehört der Tagesrest. Die Theaterdirektion wählt Stücke, die beim Publikum Erfolg haben sollen. Sie berücksichtigt bei ihrer Wahl das Traditionelle, die Erinnerung und die derzeitige Stimmung im Volk. Das ist die emotionale Bewegung im Unbewußten. Das Volk ist aber unzufrieden, weil im Theater nie das aufgeführt wird, was es wirklich will. Unzufrieden sind vor allem die ungesitteten, schwer unter Kontrolle zu haltenden Aufbegehrer, die alles immer in Unordnung bringen wollen. Während der Theateraufführung drängen diese Leute von der Straße durch den Artisteneingang ins Theater. Einige sind betrunken, andere kommen mit einem Hund oder mit einem Ziegenbock. Eine schreiende Frau ist auch dabei und vieles mehr. Diese Leute sind Störfaktoren und drohen auf die Bühne durchzubrechen und Shakespeares Sommernachtstraum in eine wilde Demonstration umzufunktionieren. Die Eindringlinge sind die unbewußten Triebregungen. Auf der Bühne muß alles schön und geregelt ablaufen, damit der Träumer, der im Theater sitzt, nicht erwacht. Das ist so, weil der Traum die Funktion hat, den Schlaf zu schützen. Nun kommen die Traumregisseure in Aktion. Ihnen steht das Arsenal der

Vergangenheit von allem Erlebten zur Verfügung, um daraus die Requisiten und Verkleidungsmöglichkeiten zu wählen, mit denen sie die Eindringlinge so verändern, verkleiden und in Symbolkisten einschließen, daß sie dann, wenn sie auf der Bühne erscheinen oder in den gewählten Requisiten auf die Bühne geschoben werden, die Szene, die gerade gespielt wird, nicht stören. Je intensiver und drängender die Impulse sind, die zur Bühne gelangen wollen, je schneller das vor sich geht und je größer die Menge der Eindringlinge ist, desto schwieriger wird es für die Traumregisseure, alles rechtzeitig zuzudecken. Es kann dann vorkommen, daß eine Prinzessin auf der Bühne noch irgendwo ein Horn trägt, weil es der Traumregie nicht mehr gelungen ist, den Ziegenbock ganz zu verkleiden. Der Träumer, der im Publikumsraum sitzt, sagt sich dann: »Merkwürdig, was in diesem Stück alles vorkommt.« Bemerkt der Träumer das Fremdartige, das Absurde am Traum, muß der Traumregie etwas einfallen, um das Publikum, den Träumer im Schlaf, abzulenken. Die Traumregie holt sich zum Beispiel die Person des Träumers selbst auf die Bühne und läßt ihn als Schauspieler auftreten. Geraten die Traumregisseure durch die eindringenden unbewußten Triebimpulse in noch größere Schwierigkeiten, können sie den zentralen elektrischen Schalter bedienen und das ganze Theater in Dunkelheit hüllen. In solchen Fällen wacht der Träumer nicht auf, aber der Traum endet mitten in einer Szene, in der sehr aufregende Dinge geschehen. Solche Träume werden nicht etwa mit dem Zusatz erzählt, der Rest des Traumes sei in Vergessenheit geraten, sondern der Träumer weiß, daß der Traum plötzlich und ohne ersichtlichen Grund abgebrochen ist. Eine häufig vorkommende Traumregieleistung liegt in der Benützung der Drehbühne. Eine Szene bricht ab, die Bühne dreht sich und eine neue Inszenierung mit einer völlig anderen Thematik setzt die Theateraufführung fort. Mittels der Drehbühne, also dem Szenenwechsel, kann die Traumregie leicht lästige Eindringlinge, also angsterzeugende Triebregungen, die den Träumer aus dem Schlaf reißen würden, beseitigen.

Träume, die aus einer Reihe von Episoden mit Szenenwechsel bestehen, sind nur dann als solche zu verstehen, wenn der Träumer zwischen einer Szene und der folgenden nicht erwacht. Die unbewußte Tendenz des Traumes kann nicht in verschiedene Richtungen gehen, sondern nur in einer, die für diesen und keinen anderen Schlafzustand spezifisch ist. Demnach bedeuten alle Szenen eines Traumes mit verschiedenen Episoden dasselbe.

Wenn die Traumregisseure ihre Aufgabe nicht mehr bewältigen und ein Durchbruch der Eindringlinge auf die Bühne droht, lassen sie den Vorhang herunter und schalten das Licht im Publikumsraum an. Das entspricht dem Erwachen aus einem Traum. Das Erwachen aus einem Traum ist immer ein Zeichen dafür, daß Angst aufträte, wenn der Traum weiterginge, oder anders ausgedrückt, daß der Traum seine Schutzfunktion des Schlafes eingebüßt hat.

Um diese Hilfsvorstellung praktisch anzuwenden, will ich einen jungen Analysanden, der erst seit 10–12 Stunden bei einer Frau in Analyse steht, in sein Traumtheater begleiten. Der Vorhang öffnet sich. Auf der Bühne sieht er das Wohnzimmer seines Elternhauses, wo er aufgewachsen ist. Die Eltern treten auf, die Analytikerin kommt herein und schaut finster und vorwurfsvoll umher. Der Analysand steht im Hintergrund der Bühne und ist ganz besorgt, seinen debilen Bruder nicht zu zeigen. Er versteckt ihn vor der Analytikerin. Dann ist die Vorstellung zuende. Der Vorhang fällt. Wir stehen auf, verlassen das Theater, worauf der Analysand sagt: »Ich habe gar keinen schwachsinnigen Bruder. Ich bin einziges Kind«.

Dieser Traum ist der erste Traum, in dem seine Analytikerin vorkommt, ein Zeichen für die einsetzende Übertragungsentwicklung. Die Assoziation des Träumers zu seinem Traum bezieht sich auf das Befremdende, das er empfindet, wenn im manifesten Traum »der schwachsinnige Bruder« auftritt, den es gar nicht gibt. Dieses Befremden hängt mit dem Absurden zusammen, das ich in meiner Hilfsvorstellung damit verbunden hatte, daß es der Traumregie nicht gelungen ist, rechtzeitig und vollständig eine zensurierende Verkleidung zu verwirklichen, damit im manifesten Traumbild das Störende der unbewußten Triebregungen wegfällt. Deshalb vermute ich, daß die Traumregisseure hinter den Kulissen einen frechen Eindringling zum erfundenen Bruder gemacht haben und es ihnen dabei nicht gelungen ist, diesen Fremdling bühnenreif umzugestalten. Sie lassen ihn als Schwachsinnigen auftreten und delegieren ihre eigene Funktion an den Träumer selbst, der aus dem Publikum auf die Bühne geholt wird und nun dort die halbmißlungene Arbeit der Traumregie zum Guten wenden soll. Psychodynamisch betrachtet liegt an dieser Stelle des Traumes der Ansatz, um den Zugang zur unbewußten Tendenz zu finden, denn hier treten die unbewußten Triebregungen nahe an die Bewußtseinsoberfläche. So wie die Traumregie den Träumer auf die Bühne holte und ihm den schwachsinnigen Bruder übergibt, den er vor dem Blick der Analytikerin verstecken sollte, holt auch der Analysand aus seinem Unbewußten den Traum, den er, wäre er gelungen, nicht erinnert hätte. Dann wäre die Verdrängung gelungen und der Analysand würde in der Analysestunde keinen Traum erzählt haben. Der schwachsinnige Bruder im manifesten Traum stellt demnach den Traum dar, den der Analysand seiner Analytikerin zeigt. Die unbewußte Tendenz äußert sich in der Aktivität, den Traum zu erzählen, ihn der Analytikerin zu zeigen, sich mit dem Traum vor der Analytikerin zu exhibieren. Im manifesten Traumbild erscheint demgegenüber eine Tendenz, »den schwachsinnigen Bruder zu verstecken«. Daraus läßt sich traumdiagnostisch schließen, daß die Zensur mit der Technik der Umkehr ins Gegenteil operiert hat, um ihrer Funktion gerecht zu werden. Handelt es sich um eine Umkehr ins Gegenteil, ist diese Umkehr für die ganze Traumarbeit charakteristisch. Im manifesten Traum kommt die Analytikerin ins Elternhaus des Analysanden. In der Realität ist es umgekehrt. Seit drei Wochen kommt der Analysand regelmäßig zur Analyse. Die Traumregisseure haben die Analytikerin als Maske benützt, um den Analysanden darzustellen. Das vertraute Elternhaus ist das Fremde. Der Analysand geht zur fremden Analytikerin. Der finstere vorwurfsvolle Blick ist der fröhlich anerkennende Ausdruck der emotionalen Bewegung im Vorbewußten, den der Analysand in die Analysestunde bringt. Der debile Bruder, der versteckt werden muß, ist etwas sehr Geistreiches und Fremdartiges, das man wirklich hat und unbedingt zeigen möchte. Der Analysand, der da etwas verstecken muß, ist nur scheinbar von der Regie aus dem Publikum geholt worden. In Wirklichkeit haben die Regisseure die Analytikerin auf die Bühne geholt und ihr die Maske des Analysanden übergestülpt und dazu noch den debilen Bruder – die Analyse – übergeben. Sie sollte als Analytikerin den Traumregisseuren helfen, ihre halbmißlungenen Bemühungen abzurunden, das heißt die Verdrängung zu stützen. »Der debile Bruder« ist sowohl Traum wie Analyse. Traum und Analyse sind ein und dasselbe. Das heißt, daß der Analysand sich mit seiner Analytikerin identifiziert hat. Sein Unbewußtes kommt und sagt, jeder zeigt dem anderen, was er hat. Du zeigst mir die Analyse, und ich zeige dir meinen Traum.

Aus dieser Traumanalyse läßt sich die Schwierigkeit erkennen, die der Analysand hat, sich in der beginnenden Übertragungsbeziehung seiner Analytikerin gegenüber zu zeigen. Er überwindet sein Exhibitionsproblem mittels der Identifikation und fühlt sich gleich zu gleich mit dem Analytiker.

Mit diesem Traum wollte ich zeigen, daß ich die thematischen Inhalte des Traumes nicht etwa vernachlässige, sondern genau so, wie Freud es empfiehlt, in den Mittelpunkt der Traumanalyse stelle. Das psychodynamische Modell, das ich explizit in die Traumdiagnostik und in die praktische Traumdeutung einführe, steckt bloß das Feld ab, in welchem die einzelnen Teile der Traumthematik ihren richtigen Platz finden. Im manifesten Traumbild enthält jede thematische Einzelheit eine unbewußte Tendenz und ein strukturelles Element. Die formalen Gesichtspunkte richten sich auf die Sukzession der einzelnen Traumteile und auf die Art und Weise, wie der Träumer mit dem Traum umgeht. Die formalen Aspekte, die sich daraus ergeben, zeigen, an welchen Stellen die Beziehung zwischen der unbewußten Tendenz und den strukturellen Elementen erkennbar ist. Die Traumdeutung setzt an diesen Stellen an und folgt der Gesetzmäßigkeit in der Psychoanalyse, daß die Deutung eines unbewußten Inhalts die Resultante eines spezifischen Übertragungsbezugs und einer formal determinierten Vorstellung ist.

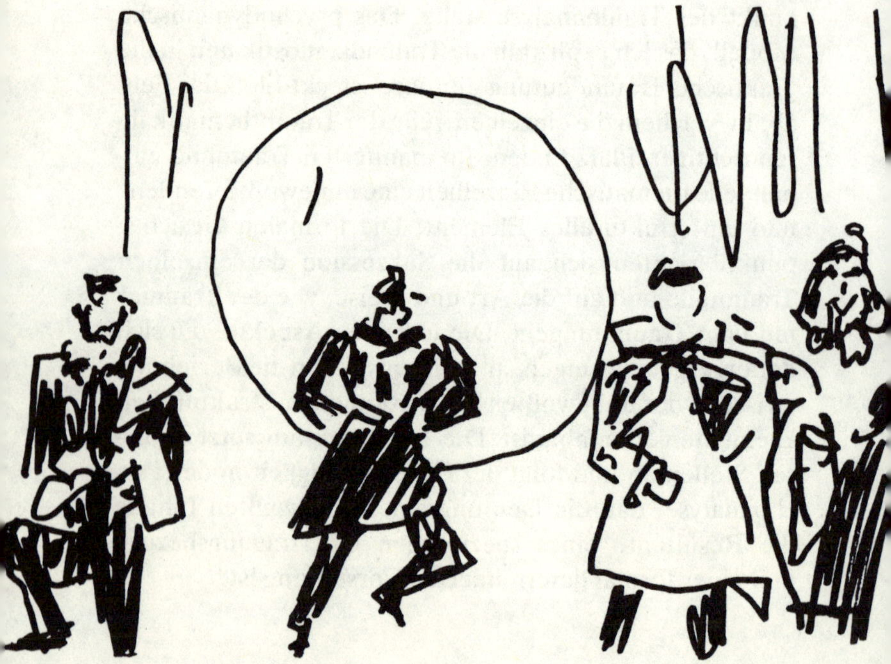

Fritz Morgenthaler

Traumseminar (1964)

Die folgenden Traumseminare wurden von Goldy Parin-Matthèy zusammengestellt. Der Duktus des gesprochenen Wortes wurde nicht verändert.

Diese Traumseminare fanden in Deutschland und in der Schweiz statt.

Das von Fritz Morgenthaler erwähnte »Mittwoch-Kränzli« war eine Gruppe von Züricher Psychoanalytikern, die sich von 1947 bis 1961 regelmäßig jeden Mittwochabend traf, um ihre Analysen zu kontrollieren und um klinische und theoretische Fragen sowie Publikationen zu diskutieren. Es nahmen teil:

Jacques Berna, Arno Blarer, Harry Lincke, Fritz Morgenthaler, Ulrich Moser, Goldy Parin-Matthèy, Paul Parin, Maria Pfister, Harald Winter, etwas später Emil Grütter und Hans Müller (Winterthur).

Fritz Morgenthaler (Mo.): Meine Damen und Herren, wir beabsichtigen, heute abend ein Traumseminar abzuhalten, wie wir es schon mehrmals getan haben. Ist jemand unter Ihnen, der einen Traum zur Verfügung stellen kann?

Ja, bitte schön, wollen Sie hier neben mir Platz nehmen. Wollen Sie uns den Traum jetzt vortragen. Sie wissen, wir wollen eigentlich nur den Traum hören. Wir möchten nichts über den Patienten, den Sie in analytischer Kur haben, hören, auch nicht irgendwelche Anhaltspunkte, die uns die Traumsituation, die Dynamik erklären, sondern wir beschränken uns auf die Traumerzählung und auf die Assoziationen, die der Patient zu diesem Traum gegeben hat und innerhalb dieser Stunde. Wenn zum Beispiel ein Traum kommt, und der Patient dann lange über etwas anderes spricht, bevor er auf den Traum zu sprechen kommt, so wissen wir ja, daß auch diese Dinge, die traumfremd erscheinen, eigentlich Assoziationen zu diesem Traum darstellen.

Wir möchten, daß Sie sich auf das Traumbild beschränken und anschließend, während der Diskussion, zu nichts Stellung nehmen und erst am Schluß sagen, was Sie dazu denken.

Traumreferentin L. (TR. L.): Der Patient sagt, er habe geträumt, er sei bei mir gewesen, aber nicht in einer analytischen Stunde, auch nicht so etwas Offizielles wie eine Einladung; er sei einfach bei mir gewesen. Und da sei auch noch ein junges Mädchen da gewesen und ein Jüngling mit diesem jungen Mädchen, und ein Mann wäre auch da gewesen. Ja, und zuerst hat er das junge Mädchen gesehen, es sei im Garten auf ihn zugekommen, da habe er gedacht: Ja, das ist ein hübsches Mädchen, das freut mich jetzt, daß ich sie kennenlerne. Und dann sei eben der junge Mann neben dem Mädchen gewesen – aber er sei gar nicht besonders enttäuscht gewesen, daß das junge Mädchen nun doch in Begleitung war. Der junge Mann habe so einen Wintermantel angehabt, aus dickem Tweedstoff mit einem großen Muster, wie man das heute hat, wie das modern ist.

Und da sei noch ein Mann dagewesen – es sei plötzlich ganz anders gewesen. Im Gegensatz zu diesem dicken Wintermantel hatte er einfach nur Hosen angehabt (das erinnere ihn an den Kollegen, an den Vater eines Schulkollegen, der einfach eine Hose trug, den Oberkörper unbekleidet), die Haare verstrubbelt, so als ob er gerade von der Gartenarbeit zurückgekommen wäre, eben wie jener Vater des Kollegen. Und dann sei ich dagewesen und ich hätte ein solches Strand- oder Tennistenue und weiße Shorts angehabt, und braune sonnenverbrannte Oberschenkel – nicht gerade sehr schön... Jetzt falle ihm gerade ein, was seine Mutter dazu sagt – ich müsse entschuldigen – »Sonnenbadproletarierweib«. Und es sei keine Handlung gewesen und alles habe er gesehen, wie ein Bild.

Mo.: Ja, bitte schön. Was sagen Sie dazu? Was meinen Sie zu diesem Traum?

Pause

Niemand?

Also etwas ist uns doch jedenfalls aufgefallen – Nichts aufgefallen? Ist niemandem etwas aufgefallen, während der Traumerzählung?

Seminarteilnehmer V. (V.): Ich habe mich gefragt, ob wohl der Patient das auch mit dieser Affektbetonung erzählt hatte, wie es uns berichtet worden war.

Mo.: Nämlich mit welcher Affektbetonung?

V.: Die Referentin brachte es so distanziert, so als ob

gar nichts dabei wäre, wenn der Patient sagte, er sei gar nicht enttäuscht gewesen. Sie erzählte es...

Mo.: Ja was haben wir da für einen Eindruck bekommen?

T.: Sie hat alles so undeutlich erzählt.

Mo.: Ja, aber was meinen Sie dazu? Äußern Sie sich dazu.

T.: Es steht in Kontrast zum Inhalt des Traumes.

Mo.: Es steht im Kontrast zum Inhalt des Traumes, ja, aber Sie meinten doch damit etwas anderes, Sie meinten, daß die Art des Vortrages der Traumerzählung... irgendwie – wie war die?

V.: Wie ein Vortrag.

Mo.: Ja, das war es ja auch. Die Referentin sollte uns ja einen Vortrag halten, sie sollte nichts anderes sagen.

V.: Nein, ich habe...

Mo.: Sie fragen, ob der Träumer oder die Träumerin...

V.: Ich sagte der Patient...

Mo.: Wahrscheinlich war es ein Mann.

V.: ... ob es der Patient auch so berichtet hatte, wie sie es uns berichtete, im Affektton.

Mo.: Was können Sie dazu sagen?

Pause

Wir könnten die Referentin fragen. Wir haben sie aber jetzt nicht zu fragen.

T.: Mir scheint unwahrscheinlich, daß der Patient es in diesem Ton erzählt hat, weil der Ton unneurotisch war.

Großes Gelächter

Ich glaube nicht, daß die Gefühlsbetonung den Affekt so mitmacht.

Mo.: Es ist eine Idee, die Sie haben, nicht?

T.: Ja, eine Idee.

Mo.: Wir müssen es hinnehmen, so wie es uns vorgetragen wurde, und wir können darüber eigentlich nichts anderes sagen als: Der Traum wurde uns so vorgetragen.

V.: Ich glaube, wir können schon etwas dazu sagen. Ich vermute – man muß doch auch Vermutungen sagen – ich vermute, daß es der Patient nicht so erzählt hat.

Mo.: Sind alle dieser Ansicht?

St.: Ich habe das Gefühl, daß der Patient es doch so erzählt hat, und wir haben Anhaltspunkte dafür. Er war nicht enttäuscht, die Analytikerin kommt da mit braunen Oberschenkeln vor, aber das macht alles nichts, und so ist es, im ganzen Inhalt des Traumes, nicht nur in der Erzählung, es wird alles sehr bagatellisiert. Ich glaube, daß man aufgrund dessen annehmen kann, daß der Patient es selbst so erzählt hat, wie die Referentin es uns vortrug.

Mo.: Ich möchte Sie nun fragen – denn es sind doch direkt zwei Antithesen in der Auffassung –, wie der Traum erzählt wurde; es ist ja sehr interessant, daß unsere Diskussion heute gleich so beginnt. Ich möchte Sie darauf aufmerksam machen: Sie bringen das. Da gibt es jetzt schon zwei Gruppen. Würden Sie sich entschließen, zu einer dieser Gruppen zu gehören. Wer ist der Ansicht, daß ein Unterschied anzunehmen ist, zwischen der Art der Traumerzählung und der Art, wie der Analysand wirklich diesen Traum erzählt hat. Wer ist dieser Ansicht? Wollen Sie sich melden, einfach mit Erheben des Armes.

1-2-3-4-5-6.

Und wer ist der anderen Ansicht?

Zehn.

Und wer ist keiner Ansicht?

Also mindestens auch noch einmal zehn oder fünfzehn. Sie entschließen sich also nicht, dazu Stellung zu beziehen.

A.: Aber der Versuch zur Distanzierung ist doch schon da, wenn die Analytikerin den Traum in der indirekten

Rede wiedergibt. Sie hätte ja auch ganz direkt sagen können: »Ich komme zu Ihnen, ich sehe Sie ...«

Mo.: Aber das ist ja ihr gutes Recht, nicht? Es ist interessant, wie Sie die Aufmerksamkeit besonders auf die Vortragende richten, aber nicht auf den Traum, wobei wir sagen dürfen, daß es viele gibt, die sich mit der Referentin des Traumes identifizieren, solche die sich dagegen einstellen, die die Identifikation nicht vornehmen – und dann gibt es die Neutralen.

V.: Ich glaube, warum ich mein Augenmerk darauf gerichtet habe, hängt damit zusammen: Wenn mir ein Traum erzählt wird, der im manifesten Inhalt so faustdicke Übertragungsinhalte hat wie im manifesten Bild (des vorgetragenen Traumes), dann muß ich mich doch an etwas festhalten können.

Mo.: Sie haben völlig recht ...

V.: Also müssen wir uns fragen, wie gehen wir an diesen Traum heran. Da ist vielleicht der Affektton der Erzählung ... Das machen wir auch in der Analysenstunde so.

Mo.: Ausgezeichnet – Möchten Sie Ihren Standpunkt noch vertreten?

St.: Ich möchte noch hinzufügen: Sie hat den Traum so erzählt, daß sie sagte, er war bei ihr, also bei der Analytikerin, es war aber keine Analysenstunde, es war einfach so, und das Ganze läuft einfach so. Ich glaube, das muß sich auch am Tonfall zeigen.

Mo.: Und ich schließe daraus, daß sich das Interesse gleich zu Beginn unserer Diskussion in erster Linie auf die Traum-Referentin richtet und nicht auf den Traum selbst und indirekt auch nicht auf die Art, wie der Traum wirklich erzählt wurde. Wir werden also hier in die Diskussion gezogen. Was ist das für ein Phänomen? Wie könnten wir das verstehen? Wenn Sie sich an unsere früheren Traumseminare erinnern, hatten Sie sich gewöhnlich auf den Traum als Phänomen viel mehr konzentriert als auf die Art der Traumerzählung. Jetzt, wo Sie schon mehr Erfahrung haben, wie das geht (ich wußte ja schließlich auch nicht, wie das geht) werden Sie das besser verstehen.

Sie erinnern sich, wir hatten schon einmal ein ähnliches Phänomen, als die Dame den Traum vorlesen wollte. Dieses Indirekte in der Art des Vorgehens ist doch ein Entfremdungsphänomen, nicht wahr? Es ist eine Distanzierung, und diese Distanzierung paßt natürlich auf alles, was Sie sagen. Unser Interesse ist durch diese Traumerzählung offenbar sofort so ausgerichtet, daß wir hier eine Distanzierung vornehmen. Wir reden lieber über die Referentin als über den Traum. Das ist schon dieses Vonsichweghalten der Geschichte. Auf was läßt das schließen?

St.: Ich wollte nur fragen, ob wir nicht vielleicht durch den Patienten verführt werden, gerade so entfremdet zu sein. Der ganze Traum wird in diesem Stil erzählt und der ganze Inhalt mit dem »Das ist eben so« bezogen auf die Analytikerin, aber alles ist »eben so«. Die ganze Geschichte ist so ausweichend. Ich frage mich, ob wir da nicht das machen, was der Patient eigentlich wollte.

Mo.: Nämlich?

St.: Eben, daß wir unser Augenmerk auf etwas anderes richten.

Mo.: Und warum tun wir denn das? Wir, die doch eigentlich schon Erfahrung haben, uns passiert doch gar nichts, wenn wir unser Augenmerk jetzt auf den Traum richten, und doch reagieren Sie alle so. Weshalb? Was könnte das für ein Phänomen sein, daß als erste Reaktion eine Art Entfremdung und Distanzierung stattfindet?

V.: Der Traum hat im manifesten Inhalt – wie ich sagte – so viele Bilder, die zu nahe kommen.

Mo.: Wem kommt es zu nahe?

V.: Der Analytikerin.

Mo.: Ja, wieso denn? Uns jedenfalls kommt es zu nahe.

Gelächter und Protestrufe

Ob es ihr, der Analytikerin, zu nahe kommt, wissen wir ja nicht, aber uns, hier im Colloquium heute abend, kommt das zu nahe, und deshalb wollen wir es uns fernhalten und lenken unser Augenmerk auf die Referentin, und nicht auf den Traum selbst.

Gut, dann kann man von der Angst sprechen – von zwanzig, dreißig Leuten. Aber das interessiert uns ja nicht, ob jetzt gerade Sie davor solche Angst empfinden? Das glaube ich Ihnen einfach nicht. Ich kann ja nicht jeden einzelnen jetzt auf seine Reaktion hin untersuchen. Wir müssen eine allgemeinere Formel finden, nämlich ein Phänomen, welches wieder zurückführt zum Traum. Wie könnten wir das formulieren? Wenn ein Traum während der Erzählung ein solches Phänomen auslöst – ein Massenphänomen also; es wurde sofort darauf reagiert, ein anderer Teil hat überhaupt nicht reagiert.

B.: Er versuchte, starke Affekte zu bagatellisieren. Wenn auch Nuancen im Weitererzählen mit minimalen Schwankungen gegenüber dem Original auftreten, ist im Patienten doch eine Bagatellisierungstendenz vorhanden – scheint mir – vielleicht weil es ihm sehr nahe geht.

Mo.: Es ist vielleicht alles richtig, aber ich möchte das so zusammenfassen: Im manifesten Traumbild – sie hatten das übrigens schon gesagt – im manifesten Traumbild müssen Dinge angetönt werden, die Unbewußtes relativ bewußtseinsnah erscheinen lassen, und deshalb reagieren wir so.

Da paßt natürlich das auch hinein, was Sie sagen mit dem Bagatellisieren. Aber jetzt könnten Sie das doch anders formulieren, nicht?

Das ist ein Traum, in dessen manifestem Traumbild unbewußtes Material relativ bewußtseinsnah auftaucht, auf das wir alle unbewußt so reagieren, daß wir sofort von der Referentin zu sprechen beginnen und nicht vom Traum. Der Patient reagiert offenbar – wie Sie richtig sagen – mit einer bagatellisierenden Tendenz. Es ist eine These, die Sie aufstellen. Können Sie diese These belegen?

Mo.: (indem er auf St. hinweist) Sie hatten das schon getan. Sie sagten eben, es sei alles »unwesentlich«.

St.: Es ist alles so »selbstverständlich«, es ist alles so »einfach«, es ist alles so »schön«.

Mo.: Es ist alles »so schön, so selbstverständlich, so einfach«. Daran sieht man deutlich die bagatellisierende Tendenz.

L.: Ob der Traum wirklich erzählt wurde bis zum Ende, sieht man gar nicht, weil sich der Patient selbst unterbricht, sich entschuldigt wegen einer Assoziation, die Assoziation sagt, und damit ist es fertig. Es könnte wohl sein, daß dieser Traum weitergeht, weitergeträumt wurde und weitererinnert wurde, aber nicht weitererzählt wurde. So könnte man diese vielen unwichtigen Dinge ganz gut erklären, daß das Wichtige auch dazu geträumt wurde, daß es aber nicht erzählt wurde.

Mo.: Das ist natürlich eine These, die man bei einem Traum immer aufstellen kann: daß nämlich vieles entweder nicht erinnert wird oder nicht erzählt wird. Wir müssen uns an das halten, was wir bekommen.

L.: Wir haben eben eine sehr auffällige Unterbrechung.

Mo.: Und was wäre das für eine Unterbrechung?

L.: Oh, entschuldigen Sie, dazu fällt mir ein: »...dann kommt eine Assoziation«.

Mo.: Nämlich welche?

L.: Die Assoziation: »Sonnenbadproletarierweib«.

Unterbrochen von mehreren Stimmen aus dem Auditorium

Mo.: Ja, wie war das genau?

Unruhe im Auditorium

Mo.: Wissen Sie noch genau, wie das war?

V.: Abschätzig.

Mo.: Abschätzig? Aber jetzt formal – formal, noch nicht bewertend. Was ist darüber zu sagen?

G.: Dem Patienten ist eingefallen – so habe ich es verstanden –, seine Mutter habe Sonnenbadproletarierweib gesagt.

Mo.: Ja richtig, das hat die Mutter gesagt. Wie haben Sie das aufgefaßt?

V.: Es ist ein Einfall.

Mo.: Das war ein Einfall dazu. Haben wir noch einen anderen Einfall?

V.: Ja, der mit dem Tweedmantel, so wie man ihn heute trägt. Da sagte der Patient dazu: Es ist ein Tweedmantel so groß kariert, wie man ihn heute trägt.

D.: ...und der Mann der Analytikerin trug nur eine Hose.

Auditorium spricht durcheinander

V.: ...wie der Vater eines Schulkollegen.

Mo.: »Wie der Vater vom Schulkollegen« – das ist ein weiterer Einfall, ein Einfall, der hier dazwischen geblendet wird, nicht wahr? So habe ich das auch verstanden. Also er erzählte den Traum und spricht diese Einfälle dazwischen hinein.

V.: Es sind Signale.

Mo.: Es sind sicher Signale. Wofür?

V.: Dafür, daß an diesen Stellen das Unbewußte zu nahe an das Bewußtsein trat und da etwas vorgenommen wurde, um sich davon zu distanzieren.

Mo.: Ja, es ist die gleiche Tendenz, die wir nun zum dritten Mal feststellen. Ich wiederhole: Die erste Entfremdungstendenz mit der Distanzierung ist beobachtet worden in unserem Colloquium, indem die Aufmerksamkeit sich auf die Traumerzählerin und nicht auf den Träumer oder den Traum richtete. Eine zweite, die Sie gebracht haben, betrifft den Träumer. Es ist dieses Bagatellisieren, welches sehr deutlich in der Reproduktion des Traumes in Erscheinung trat. Und nun haben wir das dritte: diese Einschiebungen, die insofern affektbetont sind, als sie mehrere Erläuterungen geben. Wir haben davon drei gesehen. Einmal...

V.: Den Vater vom Schulkollegen.

Mo.: Ja, der Vater vom Schulkollegen, und dann?

V.: Die Mutter, die sagt...

St.: und den Mantel, wie man ihn heute trägt.

Mo.: Nun ja..., sagen wir zwei, aber sehr deutliche, nicht wahr. Und da sagten Sie – in Analogie zu dem, was wir schon vermuteten –, Unbewußtes tritt offenbar an die Bewußtseinsoberfläche, und dann bringt er etwas, was offenbar zu einer Assoziation gehört, und eigentlich nicht zum Traum selbst. Ist das überhaupt bedeutsam bei der Traumerzählung?

Wenn ein Analysand einen Traum erzählt und dann diesen unterbricht und schließlich Assoziationen dazu bringt, und dann ein weiteres Stück des Traumes vorlegt: das ist sicher bedeutsam. In welcher Richtung denn?

Längere Pause

V.: Ja, weil doch wichtig ist, daß der Traum uns in dieser Stunde erzählt wird, und dabei ist es wichtig, ob dabei die Traumerzählung unterbrochen wird oder nicht. Ich hatte selbst einen Patienten, bei dem wußte ich nie, was Traum ist, und was nicht.

Mo.: Was schließen Sie denn daraus?

Wenn einer einen Traum erzählt – und dann erzählt er zwischendurch Assoziationen –, dann kommt er wieder auf den Traum zurück, und am Schluß weiß der Analytiker nicht mehr, was war jetzt Traum und was war Assoziation. Was ist das für ein Phänomen? Ich meine, wie könnten wir das dynamisch verstehen?

X.: Ein Widerstand.

Mo.: Ja, ein Widerstand – ein Absetzen vom Trauminhalt bedeutet doch wohl, daß die Fortsetzung der Traumerzählung zu Einfällen und Affekten führen würde, die nicht zugelassen werden, und dann werden Dinge gebracht, die viel leichter zu bringen sind, nämlich etwa wenn ein Patient träumt, dann kurz erwacht, wieder einschläft, weiterträumt, kurz erwacht, wiedereinschläft. Es ist, wie wenn das Bewußtsein sich plötzlich auf Erinnerungen stützen würde, auf Vergleiche, die aus dem direkten Erleben des Patienten stammen. Die Assoziationen stammen ja bekanntlich aus dem Wacherleben.

Wir sehen hier also eine gewisse Tendenz, die daher kommt, daß der Patient sich gegen die weitere Traumerzählung absichert.

Das gibt uns ja schon ein Bild von dieser Situation, in der wir uns da befinden. Sie sagten vorher noch, es sind faustdicke Übertragungsgeschichten da, die in diesem Traum vorkommen.

Wie kommen Sie dazu, so etwas zu sagen?

V.: Ich sagte, im manifesten Trauminhalt sind Übertragungsbezüge sichtbar. Nicht nur ist der Patient außeranalytisch bei der Analytikerin, nicht nur ist der Ehemann da, sondern die Analytikerin trägt kurze Tennisshorts, und er beschäftigt sich mit der Farbe ihrer Schenkel, mit den Schenkeln überhaupt, und der Mann störe nicht, und dann ist die Situation wiederholt mit dem jungen Mädchen und dem jungen Mann. Der Patient befindet sich zwei Frauen gegenüber. So meinte ich, daß das manifeste Traumbild voller Übertragungsbedeutungen ist.

Mo.: Ja, Sie beschreiben das schon sehr ausführlich. Der einfachste Beleg für die Übertragungsbedeutung liegt kurzerhand im Umstand, daß...

Y.: daß die Analytikerin im Traum vorkommt.

Mo.: Ja gewiß. Das ist immer ein wesentlicher Umstand, der in der Analyse wohl beachtet werden muß, wenn ein Analysand den Analytiker in seinen Traum einbezieht. Was können wir über die Bedeutung eines solchen Phänomens ganz allgemein aussagen?

Ist das ein Zeichen positiver oder ein Zeichen negativer Übertragung?

Z.: Positiv, in dem Sinne, daß der Analytiker wichtig geworden ist.

Mo.: Wichtig wofür?

Z.: Für den Patienten.

Mo.: Wofür im Patienten?

E.: Für die Affekte.

Mo.: Sicher für die Affekte, aber warum wird er ins manifeste Traumbild einbezogen?

Z.: Weil er sich damit auseinandersetzen muß.

Mo.: Ja, warum nimmt er nicht sonst irgendeine Person? Warum nicht, beispielsweise seinen Professor an der Universität oder seine Tante oder – ja, warum ausgerechnet seinen Analytiker?

Es ist ja eine Gesetzmäßigkeit, daß im Traum die Personen, die gewählt werden (wie gewählt werden?) – Personen sind, die besonders Angst machen oder die besonders wenig Angst machen?

V.: Wenig.

Mo.: Aber natürlich, es soll ja eine Traumverarbeitung geben, sie soll also ihrem Inhalt nach, unbewußten seelischen Regungen entsprechen, so verklausuliert werden, daß sie dann, wenn sie im manifesten Traumbild erscheinen, möglichst ungefährlich wirken. Unbewußt mißlingt das oft, nicht wahr? Wenn es mißlingt, kommen unter Umständen sehr bedrohliche Sachen heraus. Dann entsteht unter Umständen ein Angsttraum. Also, sagen wir, wenn zum Beispiel auch ein Angsttraum auftaucht, in dem der Analytiker vorkommt als Figur, zum Beispiel, er wird vom Wolf verfolgt, und der Wolf ist der Analytiker, dann beginnt der Träumer zu schreien und so weiter... Dann heißt das ja nicht, daß dies eine besonders gefährliche Situation in der Analyse darstellt, sondern: Etwas aus dem Umbewußten steigt auf, was dem Patienten außerordentlich gefährlich vorkommt, und wäre er, sagen wir, ein kleiner Knabe, wäre es der Wolf, und um den Wolf weniger gefährlich zu machen, nimmt er die Gestalt eines Polizisten an. Aber der ist immer noch sehr gefährlich, und wenn jetzt der Analytiker gewählt wird, dann heißt das: Eigentlich wäre der Analytiker noch die ungefährlichste Gestalt, die einbezogen werden kann, aber es ist eben so, daß auch da die Angst nicht gebannt werden kann. Das Auftreten des Analytikers in einem Traum ist aber grundsätzlich ein Zeichen einer bereits belastungsfähigen Übertragungssituation. Also da ist sicher eine starke Übertragungsentwicklung nachweisbar.

Ja, aber jetzt gehen wir noch einen Schritt weiter. Also es wird die Analytikerin im Traum gewählt und ihre ganze Umgebung, einmal der Ehemann und dann noch ein Mädchen und dann noch ein Bursche, ein Mann, der mit dem Mädchen zusammen ist, alles wird ungefährlich. Dann haben wir die eingestreuten Assoziationen, offensichtlich, um die Traumerzählung so ablaufen zu lassen, daß er weiterhin so bleiben kann, wie Sie sagten, nicht? Das heißt, daß bis zum Schluß diese Haltung aufrecht erhalten werden kann: die Vereinfachung: »Es hat nichts auf sich«.

Also, dann wäre welcher Schluß hier zulässig? Wir sind ja auf der Suche nach dem unbewußten Inhalt. Wir können doch von diesen Phänomenen schon irgendetwas aussagen. Etwas Allgemeines, was die Tendenz anbelangt, die die unbewußten seelischen Regungen dieses Patienten betreffen.

Nichts?

Pause

Kommen Sie, machen Sie mit! Sagen Sie doch etwas!

W.: Mir fällt auf: Zuerst kommt doch das junge Mädchen, dann der Mann. Dann wird die Szene gewechselt. Jetzt kommt der Mann der Analytikerin zuerst. Es scheint doch so, daß die Angst zu groß ist, solange die jungen Leute da sind. Jetzt muß die Angst abgewehrt werden. Dann kommt das andere Thema: die Analytikerin mit ihrem Mann. Das scheint dann weniger Angst zu machen.

Mo.: In der Sukzession meinen Sie, in der Sukzession der auftretenden Figuren.

W.: Ja.

Mo.: Ja, aber ist das Ganze ein Angsttraum?

D.: Es ist ein Wunschtraum.

Mo.: Alle Träume sind Wunschträume in diesem Sinne, oder dann müssen Sie uns deutlicher sagen, wo der Wunsch im manifesten Traum hier zum Vorschein kommt. Nicht wahr, es kann ja jemand träumen, er möchte gerne – er wünscht etwas zu haben. Das kann ja im manifesten Trauminhalt als direkter Wunsch auftreten – meinen Sie das so?

Wir haben keinen Wunsch, soweit ich verstanden habe, der hier im Traum auftreten würde. Der Wunsch ist das, was wir finden sollten, nicht wahr?

W.: Angst ist vielleicht falsch gesagt. Wir müßten sagen, die unbewußten Wünsche kommen zu nahe. Im Traum muß die Szene gewechselt werden.

Mo.: Ja, diese Wünsche, die Regung, ja, die Bedürfnisspannung, die da offenbar wirksam ist, die kommt dann an die Bewußtseinsoberfläche, und dann muß eben ... –, ja, das verstehen wir sehr gut –, da haben wir zuerst das junge Paar, dann haben wir das ältere Paar, und dabei ist das ältere Paar weniger gefährlich als das junge.

W.: Ja.

Mo.: Können Sie das belegen?

W.: Ich meine, der Regisseur der Traumarbeit versucht doch irgendetwas. Wenn das nicht genügt, wird etwas Schlechteres verändert durch etwas Besseres.

Mo.: Ja, das ist sehr allgemein, aber können Sie das aus dem Material des Traumes doch irgendwie belegen? – Verstehen Sie, es sagt uns wenig, wenn Sie es so sagen. Die Idee, die Sie dabei haben: Sie sehen die Dynamik darin. Wenn Sie die nun sehen, dann sind Sie doch sofort neugierig zu erfahren, in welcher Richtung das auch noch am Material abzulesen wäre. Es genügt uns nicht, daß wir sagen, es sind die Jungen und die Alten.

Ich glaube, wir können das beantworten.

F.: Ja, ich wollte nur sagen, man könnte doch auf einen Angsttraum schließen, wegen dieser Unterbrechungen.

Mo.: Wir können deshalb nicht auf einen Angsttraum schließen, weil uns der Traum nicht als solcher vorgetragen worden ist. Oder wir müßten beweisen können, daß das ein Angsttraum ist, und dann, wenn wir fertig sind und der Referentin das Wort übergeben, herauskommt: Ich habe vergessen zu sagen, es sei ein Angsttraum gewesen. Das müßten wir also nachweisen können. Das dürfen wir die Referentin aber jetzt nicht fragen.

Wir wissen also nichts von einem Angsttraum, nicht?

Und wenn Sie aus diesen Unterbrechungen auf einen Angsttraum schließen, dann müßten wir sagen: Ja, dann müßten wir überhaupt jeden Traum als prospektiv möglichen Angsttraum auffassen. Ich glaube, das müssen wir ausschalten. Das spricht ja auch ganz gegen das, was Sie sagen (St.) Die ganze Art, wie der Traum vorgetragen worden ist, spricht doch offensichtlich gegen einen Angsttraum. Oder wenn es ein Angsttraum war, dann ist gerade das Typische eines Angsttraumes nicht aufgetreten.

Sind Sie einverstanden mit dieser Formulierung?

Sind noch Fragen dazu?

T.: Was man da sieht mit den zwei Paaren ist eigentlich die Wiederholung – also eine Art Sequenz –, die dann sehr schnell irgendwie abgeschwächt wird: Das junge Mädchen, das gefällt ihm undsoweiter, dann kommt der junge Mann dazu, und der Träumer sagt, er ist nicht enttäuscht. Dann sieht er die Analytikerin, er sieht ihre Schenkel – das wird dann zweimal... – es kommt ihr Mann dazu, und außerdem werden dann die Schenkel noch mit dieser abfälligen Assoziation abgewertet. Es gibt also immer ein Schaukeln zwischen Appetenz zuerst, die dann, wenn sie offenbar bewußtseinsnah wird, abgewehrt wird. Das paßt an sich auch gut zur Affektverdrängung im Traum, zur Bagatellisierung der Affekte.

Mo.: Ja.

T.: Man sieht es am manifesten Trauminhalt.

Mo.: Sie sehen also diese Tendenz in beiden Gruppen.

T.: Ja, ich sehe die Wiederholung der Tendenz – ja.

Mo.: Jetzt werden wir das zusammenfassen. Sie wäre zuerst sichtbar woran? – also bei der ersten Gruppe...

Junges Mädchen mit jungem Mann.

T.: Am Erscheinen des Mannes überhaupt.

Mo.: Und das würden Sie nun in Verbindung bringen womit?

T.: Mit dem Erscheinen des Ehemannes der Analytikerin.

Mo.: Ja, und dann? – Wollen Sie uns das noch genauer ableiten, Stück für Stück, immer das erste und dann das zweite... Wenn Sie die Wiederholung darin sehen – Sie sehen doch die Wiederholung, nicht wahr? Dabei sehen Sie immer die Appetenz und die Erwartung, nicht? So haben Sie es gemeint?

T.: Ja, ja.

Mo.: Also, wie wäre das genau?

T.: Ich meine, er sagt dann: Dieses Mädchen ist schon besetzt. Und das macht ihm nichts aus. Er erlebt im Traum nicht einmal die Versagung. Er behauptet das, nicht?

Mo.: Ja.

T.: Und das zweite Mal ist es dann dasselbe, nochmals. Die Analytikerin ist zunächst in Erscheinung gebracht durch die Schenkel, dann erscheint der Analytiker. Das ist zunächst einmal eine Steigerung. In der Kleidung zeigt sich eine Steigerung der Appetenz.

Das erste Mal ist doch der dicke Wintermantel beim Paar mit dem jungen Mann. In der zweiten Gruppe ist zunächst die Analytikerin, leicht bekleidet, auffällig die Schenkel, und zweitens ist der Mann der Analytikerin mit dem nackten Oberkörper, so daß also eine Steigerung stattfindet, aber die Steigerung der Appetenz geschieht einfach durch das Erscheinen des männlichen Partners... beide Male, worauf er sich quasi zurückziehen kann. Es sind ja nur zwei Paare, und er ist dabei nur wie eine Hilfe – ich weiß nicht, wie ich das sagen soll.

Mo.: Wir verstehen sehr gut, was Sie darstellen. Es gibt da aber Gegenstimmen im Auditorium, Ergänzungen. Wir wollen das jetzt schnell anhören. Ja, was meinen Sie?

RB.: Ich habe es so verstanden, daß die Analytikerin zuletzt auftritt, zuerst der Mann der Analytikerin. Die Sequenz geht ja noch weiter zum Mann der Analytikerin, der noch ein drittes Paar assoziiert, zum Mann kommt der Vater – der Vater des Freundes, der entkleidet ist – und zur Analytikerin kommt: Mutter – meine Mutter würde sagen –

Mo.: Eine sehr schöne Ergänzung, nicht wahr? Da sind wir sofort einverstanden. Wir sehen aber diese ungeheuerliche Sache, diese Verschiebung, die da auffällt, zuerst Appetenz und dann Entwertung. Was Sie (T.) gesagt haben, das paßt doch sehr gut zu dem, was Sie (RB.) gesagt haben.

KW.: Mir geht es noch darum, welches Paar ihm das gefährlichere ist.

Mo.: Sehr richtig. Und jetzt kommen wir auf diese Frage zurück.

KW.: Und da meinte ich, das erste Paar sei ihm das gefährlichere und zwar deshalb, weil er betonen muß, daß er nicht enttäuscht sei, daß es noch einen jungen Mann gibt, während im zweiten Traum-Teil die Analytikerin ja sowieso verheiratet ist. Da kann ja gar keine Enttäuschung mehr auftreten.

Großes Gelächter im Auditorium

Und dann wird im ersten Teil ein Tweedmantel erwähnt. Es muß also eine Bekleidung da sein, und im zweiten Teil sind beide leicht bekleidet.

Mo.: Ja, und weiter.

W.: Ich würde gerade das Umgekehrte annehmen und zwar deshalb, weil beim zweiten Paar die Assoziationen mit den Unterbrechungen viel deutlicher auftreten. Beim ersten Paar wurde der Tweedmantel erwähnt. Beim zweiten Paar wird gerade zur Analytikerin assoziiert, und zwar wird assoziiert zur Bekleidung der Analytikerin und auch sofort assoziiert zur Bekleidung des Mannes. Die Unterbrechungen, von denen wir doch gesagt haben, daß sie den Affekt zurückhalten sollen, werden viel dicker aufgetragen im zweiten Teil.

Mo.: Wir haben also zwei verschiedene Meinungen.

D.: Der Analytiker wird abschätzig behandelt, weil er Angst davor hat, und dann kommt die Mutter, die offenbar diese Angst eingepflanzt hat. Es ist also immer ein Wunsch da, und der muß dann abgeschwächt werden, als »bin ich schlecht« hingestellt werden, und daher als letzte Bemerkung: Die Mutter darf sagen: Sonnenbadproletarierweib.

Gelächter im Saal

Mo.: Nicht wahr, Sie haben es mit den Wünschen, heute abend?

Großes Gelächter im Saal

Ich möchte nur darauf hinweisen: Da ist jemand, der hat es immer mit den Wünschen. Sie verweisen auf eine Tendenz, auf den Wunsch, während die anderen, die jetzt gesprochen haben, die sprechen von den Paaren, von den Objekten. Das ist ein großer Unterschied, oder?

Nur kommen Sie dann da in eine gewisse Verwirrung, scheint mir, wenn Sie dann sagen, die Mutter sei die, die

die Versagung eingepflanzt hat – wenn ich das richtig verstehe.

D.: Ja, das ist beinahe der Wortlaut.

Mo.: Gut. Aber das, was der Träumer assoziativ an die Mutter delegiert, ist doch etwas, das wir nicht vergessen dürfen. Seine Assoziation war doch die, daß er das sagen wollte und es an die Mutter delegiert. Das ist doch ein Schutz vor den eigenen Gefühlen, das auszusprechen, und das ist eine Assoziation und gehört nicht zum Traum. Der Wunsch ist also ... Welcher?

Diese abschätzigen Bemerkungen ...

D.: sind zweierlei widersprechende Tendenzen, die im Traum vorkommen.

Mo.: Zweierlei widersprechende Tendenzen, nun ja, um nun aber beim Wunsch zu bleiben: Der Wunsch wäre also: – da er es ja assoziativ an die Mutter delegiert –

P.: die abschätzigen Bemerkungen selbst zu machen.

Mo.: Natürlich, die abschätzigen Bemerkungen selbst zu machen. Können wir es beweisen?

X.: Er entschuldigt sich dafür.

Mo.: Er entschuldigt sich wofür?

W.: Dafür, daß seine Mutter das so sagen würde – aber wieso soll er sich dafür entschuldigen, was die Mutter sagt?

Mo.: Ja – warum?

W.: Er identifiziert sich mit der Mutter.

Mo.: Ja, weil er sich mit der Mutter identifiziert. Aber ich möchte das noch viel einfacher sagen. Der Beweis dafür, daß er es selbst sagen will, liegt doch darin, daß er es wirklich selbst sagt.

Gelächter im Saal

Wenn uns ein Patient in der Analyse plötzlich sagt: Sie denken das und das – ja, wer denkt das?

V.: Der Patient.

Mo.: Also der, der das sagt, denkt es. Die Tatsache, daß er assoziativ das ausspricht, aber an die Mama delegiert, heißt doch: er sagt es ja wirklich selbst, und die Identifikation mit der Mutter ist also nicht von der Hand zu weisen.

V.: Zu der Wiederholung wollte ich sagen, es ist nicht nur eine Wiederholung der Paare da, sondern es ist eine Verdoppelung, und jetzt wurde schon gesagt: er identifiziere sich. Ich glaube, der ganze Traum arbeitet mit Identifikationen, aber die werden auch bagatellisiert und so unkenntlich gemacht. Zuerst kommt das Mädchen und dann kommt der junge Mann; dann kommt aber zuerst der Mann der Analytikerin und dann die Analytikerin. Da ist eine Unkenntlichmachung. Man soll nicht achtgeben darauf, so als ob das nicht wichtig wäre. Und dann kommen noch die Außenfiguren: Der Vater ist es einmal, und einmal ist es eine Mutter. Das sind also Verdoppelungen.

Mo.: Ja, was sind es? Verdoppelungen, Vertuschungen oder was ist das? Das ist eine eindeutige...

Was ist das für ein Phänomen innerhalb des Traumes? Auch daß zuerst das junge Paar auftritt und dann das ältere.

Y.: Eine Verschiebung.

Z.: Eine Wiederholung.

Mo.: Wer meint sonst noch etwas? Nun, was ist das? Zuerst kommt der Mann, dann kommt die Frau, und später kommt zuerst der Mann und dann die Frau.

V.: Eine Umkehrung.

Mo.: Eine Umkehrung ist das. Wenn wir das feststellen, dann stellen wir gar nichts besonderes fest, keine Meinung und kein Gefühl. Es ist einfach eine Umkehrung. Eine ganz simple Umkehrung.

So, nun sind wir also bei den Kontroversen der beiden Herren: wo die Angst denn größer sei. Beim ersten Paar oder beim zweiten?

Bitte schön.

Pause

Mit wieviel Stimmungen schläft man denn ein?

V.: In einer einzigen.

Mo.: Wann können wir von einer Zunahme der Angst sprechen?

Pause

Wenn wir dafür Beweise haben. Nicht wahr?

Wenn eine zunehmende Angst vorliegt, dann ist das die Zunahme einer ganz bestimmten Tendenz, wobei es nicht mehr möglich ist, dieselbe durch den Traum zu verändern, zu unterdrücken – wenn eben das unbewußte Material in unbewußten Regungen an die Bewußtseinsoberfläche kommt. Woran werden wir das erkennen?

Pause

Ja, eine unklare Frage offenbar.

V.: An den Signalen.

Mo.: Ja, an den Signalen. Wo sind jetzt die Signale? Darin vielleicht, daß zuerst ein junges Paar kommt und dann ein altes?

V.: An den Einfällen.

T.: Man kann es wahrscheinlich auf beides beziehen, einmal auf die Sequenz innerhalb des Traumes, und andererseits aber auch auf das Erzählen in der Analyse: Die Einfälle kommen dann, wenn er nichts mehr vom ersten Paar erzählt, sondern von der Analytikerin und ihrem Mann. Wahrscheinlich ist die Situation des Erzählens da wirklich angstbesetzt, und dann weicht er in der Assoziation aus.

Mo.: Warum ist sie denn mehr besetzt, die Art des Erzählens, beim zweiten Paar? Warum können wir sagen, dort nehme die Angst zu? Nach dem, was wir mit Ihnen abgeleitet haben – Sie, die es mit den Wünschen haben, heute abend, wozu ich Sie beglückwünsche.

Ich meine das wirklich. Verstehen Sie, es kommt wirklich auf diese Dinge an und nicht auf die Objektbezüge. Die Objektbezüge sind es, die uns im manifesten Traum verirren lassen.

D.: Ich denke, daß die Analytikerin darum im zweiten Teil stärker besetzt wird, weil die Abschätzung schärfer ausgesprochen wird.

Mo.: Wenn Sie nun den ersten Teil des Satzes nicht gesagt hätten, sähen wir viel klarer. Warum nicht sagen, die Besetzung sei eigentlich dieselbe, aber...

D.: Die Angst ist größer.

Mo.: Ich weiß nicht, was mit der Angst ist. Seien wir doch bescheiden darin. Warum müssen wir jetzt unbedingt wissen, ob die Angst groß ist oder klein. Nachdem wir am Anfang gesagt haben, es sei alles monoton und gleichmäßig vorgetragen, da gab es doch die Kontroverse, ob das alles ganz anders erzählt wurde, als die Referentin es wiedergibt. Was wissen wir schon über die Angst? Aber etwas können wir sagen.

Welchen Wunsch haben wir bisher herausgebracht? – der fast sicher ist, nein, er ist ganz sicher.

W.: Die Analytikerin zu kritisieren.

Mo.: Da bin ich also nicht einverstanden, weil... das ist schon eine Interpretation. Na gut, Sie denken, weil es eine Übertragungsbedeutung hat. Nun ja. Abschätzige Bemerkungen machen über... Diese abschätzigen Bemerkungen werden doch an die Mutter delegiert. Die Mutter kritisiert ja nicht die Analytikerin. Die Mutter kritisiert Sonnenbadfrauen, die in ihrem Denken eben

Sonnenbadproletarier sind. Jetzt: die abschätzigen Bemerkungen auszusprechen, geschieht erst ganz am Schluß und zwar in Form einer Assoziation. Im zweiten Teil, wo das zweite Paar vorkommt, sind diese Shorts der entblößte Oberkörper des Mannes; beim ersten Paar ist es noch der Wintermantel. Das heißt doch, daß die abschätzigen Bemerkungen eher wann gemacht werden können?

V.: Eher bei unbedeckten Körperteilen.

St.: Erst wenn eine Umkehrung erfolgt ist.

Mo.: So; zuerst muß eine Umkehrung erfolgen, und erst dann können die abschätzigen Bemerkungen gemacht werden. Vorher muß was gemacht werden? ... Dort, wo das junge Paar auftaucht, hören wir noch nichts Abschätziges. Dann erfolgt die Umdrehung. Und wo finden wir sonst noch die Umdrehung?

V.: Oberkörper – Unterschenkel.

Mo.: Oberkörper, Unterschenkel wiederholt sich dort. Weiter.

Das Auditorium spricht durcheinander

Jetzt einmal beim Traumbild bleiben. Die Umkehrungen wollen wir aufsuchen und jetzt beim Traumbild bleiben. Innerhalb des zweiten Teils mit dem älteren Paar folgt also noch einmal die Umkehrung: Oberkörper-Unter... Oberkörper-Schenkel – aber die wichtigste ist...

Y.: die Reihenfolge, ich meine die Reihenfolge des Auftretens: beim zweiten Paar der Mann zuerst, beim ersten Paar die Frau zuerst.

Mo.: An dem Phänomen haben wir die Umkehrung entdeckt. Jetzt entdecken wir eine zweite Umkehrung, die mit dem Oberkörper des Mannes und den Beinen der Frau. Weiter.

G.: Beim ersten Paar taucht der Einfall des Schulkollegen und beim zweiten Paar taucht der Einfall der Mutter auf.

Mo.: Ist das eine Umkehrung Vater und Mutter?

G.: Eventuell schon, ja.

Mo.: Eventuell schon – aber Sie geben mir zu, daß diese Umdrehung schon eine Interpretation darstellt.

Wo haben wir noch eine Interpretation vorzunehmen, um eine Umkehrung abzuleiten?

W.: Das erste Paar ist relativ gut gekleidet, das zweite relativ schwach.

Mo.: Sehr schön. Weiter. Aber das Faustdickste sehen Sie nicht.

St.: Ist das nicht auch eine Umkehrung, wenn er sagt, es sei gar keine Analysestunde, und alles spielt sich im Garten ab?

Mo.: Wunderschön. Sehr schön. Das ist auch eine Umkehrung. Weiter.

X.: Das eine ist ein junges Paar, das andere ist ein altes Paar.

Mo.: Ja, das ist eine Umkehrung. Das junge Paar und das alte Paar, das angekleidete und das entblößte, und innerhalb des älteren Paares, da gibt es noch eine Umdrehung: Oberkörper und Beine. Und die ganze Geschichte ist überhaupt nicht in der Analyse, sondern im Garten, wie wir gehört haben. (Wir werden ja nicht annehmen, daß Sie im Garten analysieren).

Kurzes Gelächter im Saal

Es ist sehr unwahrscheinlich. Es ist gar nicht in der Analyse. Also, die ganze Geschichte arbeitet mit Umkehrungen und mit den zwei Paaren. Jetzt sind wir an einem Ort angelangt, wo wir einfach zwei Gleichungen haben mit zwei Unbekannten, und jetzt müssen wir die Unbekannten herausdividieren.

Bitte?

An welchem Paar deckt sich die Tendenz auf, und welches ist die Tendenz?

Die Tendenz ist also die...?

Pause

Wo haben wir die Tendenz entdeckt?

Pause

Das haben wir doch schon gesagt.

Y.: Die Abschätzung *(ganz zaghaft)*

Mo.: Die Abschätzung, die Tendenz, abschätzige Bemerkungen zu machen. Wir halten uns zurück und sagen: abschätzige Bemerkungen gegen die Analytikerin zu machen. Weshalb halten wir uns zurück?

Mo.: Weil die Figur der Analytikerin...

Y.: im manifesten Traum...

Mo.: dazu dient, das Objekt für die abschätzigen Bemerkungen zu werden. Das ist doch das Ungefährlichste.

Sind Sie damit einverstanden – mit dieser Reduktion? Diese Tendenz, abschätzige Bemerkungen zu machen, erscheint nun in welchem Teil deutlich?

Z.: Im zweiten...

Mo.: Sie meinen im Teil mit dem zweiten Paar.

Z.: Ja.

Mo.: Folglich können wir dort anfangen und von rückwärts nach vorne gehen, weil es sich ja um eine Umkehrung handelt. So werden wir gut daran tun, diese Sache mit Kühnheit von hinten nach vorne aufzuwickeln. Und nun werden wir also die Umkehrung als dynamisches Prinzip in diesem Traum verwenden und versuchen, die Inhalte, die im zweiten Teil vorkommen, in Form der Umkehrung auf den ersten zu übertragen. Dann dürfen wir also was sagen?

X.: Oberschenkel – Brust; alt – jung.

Mo.: Ja, aber wie? Da scheinen wir Mühe zu haben. Da kann man gar nicht oligophren genug, möchte ich sagen, vorgehen. Was ist das letzte, was wir gehört haben?

V.: Im Traum war keine Geschichte. Es waren nur Bilder.

Mo.: Bitte, kehren Sie das um.

V.: ... ein mächtiges Geschehen.

Mo.: Ja, ein mächtiges Geschehen. Im Traum wären also keine Bilder zu sehen, sondern nur eine große mächtige Aktivität, mit der sehr vieles passiert.

Und dann gehen wir rückwärts und zwar ...?

St.: Proletarierfrau

Mo.: Ja, sagen Sie das genau:

St.: Sonnengebrannte Frau Proletarier ...

Gelächter im Auditorium. Viele Stimmen im Auditorium

Sonnenbadproletarierweib

Mo.: Wer sagt das?

V.: Die Mutter.

Mo.: Das ist eine Assoziation. Eine Assoziation, die unmittelbar mit dem Traumgeschehen verknüpft wird. Wir haben schon erkannt: Er delegiert seine Aktivität an die Mutter. Was die Mutter sagt, sagt wer?

XY.: Der Patient, er.

Mo.: ... er sagt es selbst. Er selbst sagt das über wen?

Pause

Die Mutter sagt es über wen?

T.: Über die Analytikerin.

Mo.: Nicht über die Analytikerin.

Mehrere Stimmen aus dem Auditorium: Über Frauen, die sonnenverbrannt ... mit Sonnenbrand, die Sonnenbad nehmen.

Mo.: Über Frauen, die ein Sonnenbad nehmen, sagt sie: Sonnenbadproletarierweib. Nun kehren Sie das um:

Er sagt statt der Mutter ...

V.: Über die Analytikerin

Mo.: Über die Analytikerin? Ich weiß nichts über die Analytikerin.

St.: Über die Mutter ...?

Mo.: Über die Mutter?

Viele Stimmen aus dem Auditorium

W.: Über die Frauen.

Unruhe im Auditorium

V.: Über die Männer.

Mo.: Ja natürlich, über Männer. Wissen Sie, Sie waren ja nur nicht schlagfertig genug, um mir folgendes vorzuhalten: Wenn Sie schon sagen, er hätte sich mit der Mutter identifiziert, ist das gewiß keine Umkehrung: Frau und Mann. Sie hätten gewiß sagen können (jetzt sind wir bei der Identifikation und nicht bei der Umkehrung): er hat sich mit der Mutter identifiziert, also wenn er über jemanden spricht, wie die Mutter über Frauen spricht, dann meint er ...?

V.: Männer.

Mo.: Männer, die was für Eigenschaften haben?

V.: Die gleichen Eigenschaften.

Mo.: Die gleich sind (da es sich ja um eine Identifikation handelt), in bezug auf was, wissen wir aber nicht. Wir müssen uns deshalb an den ersten Traumteil halten (wegen der Umkehrung) und uns dort die Teile heraussuchen, die wir erklären wollen. Ein Mann kommt vor im ersten Paar. Es handelt sich also bei dieser abschätzigen Bemerkung nicht um eine Frau, da es ein Mann sagt – vorher sagte es die Mama –, jetzt also betrifft es wen im ersten Traumteil?

V.: Den jungen Mann.

Mo.: Was wissen wir vom Mann?

L.: Die Bekleidung.

Mo.: Ein dicker Mantel. Wohin gehört dieser dicke Mantel.

V.: Zum jungen Mann.

Mo.: Ja, schon zum jungen Mann, aber wann trägt man einen dicken Mantel?

V.: Im Winter.

Mo.: Ja, im Winter. Wann ist wohl dieser Traum geträumt worden, meine Damen und Herren? – wohl noch nicht solange her. Jetzt im Winter oder ein Jahr zuvor.

V.: Im Winter ist man bleich.

Mo.: Abschätzige Bemerkung gegen jemand bleichen, sagen Sie. Nicht wahr, jemand der einen dicken Wintermantel trägt... Was ist mit diesem Mann?

X.: Er ist modisch.

Mo.: Das wissen wir nicht aus dem Traum.

Y.: Der Vater eines Kollegen.

Viele Stimmen durcheinander

Mo.: Was wissen wir?

St.: ... wie man sie heute trägt (die Wintermäntel).

Mo.: Welcher Art sind diese Mäntel?

Z.: Fischgräten

Mo.: So, haben wir das gehört?

K.: Großkarierter Tweedmantel.

Mo.: Großkariert. Was ist großkariert?

Pause

Mo.: Kehren Sie großkariert um.

V.: Klein, rund.

Unruhe im Auditorium

Mo.: Großkariert: was ist darin enthalten? Raten Sie! Was ist das: Jemand der einen Mantel trägt mit riesigen Karos?

V.: Geschmacklos.

Gelächter

Mo.: Wer trägt das?

P.: Um aufzufallen.

Mo.: Großkariert ist auffällig. Wenn wir das umkehren, so ist es...

V.: Etwas Unscheinbares, etwas das nicht auffällt.

Mo.: Haben wir den Beweis, daß unsere Deutung in dieser bestimmten Richtung gehen könnte?

Pause

Was hat denn die Mutter mit ihrem Spruch sagen wollen? Was heißt denn das? In diesem Abschätzigen ist ja Hohn und Spott drin für diese ungeheure exhibitorische Haltung. Das Exhibitorische in dem Großkarierten des Mantels kommt doch nochmals vor in den Shorts. Auch sonnenverbrannt ist doch stark exhibitorisch, auffallend. Im Wort Sonnenbadproletarier liegt etwas Exhibitorisches. So sind wir berechtigt, im Großkarierten das Auffällige zu sehen, das umgekehrt auf das Unscheinbare, das Unauffällige hinweist. Unauffällig soll auch was sein? – die Vorwurfshaltung soll unauffällig sein. Daher die Verschiebung auf die Mama. Es soll also etwas versteckt werden. Unauffällig soll etwas bleiben, nämlich daß er einen Vorwurf hat gegen den Mann.

Pause

Jetzt sind wir erst bei der letzten Bemerkung. Wie geht es weiter: rückwärts? Wir kehren konsequent um.

G.: Der Patient hat von den Oberschenkeln gesprochen. Sie waren braunverbrannt und nicht sehr schön.

Mo.: Oberschenkel, braungebrannt, nicht sehr schön. Das heißt? Kehren Sie um, bitte. Ein außerordentlich schöner – prächtiger –

V.: Bleicher.

Mo.: Was wissen wir von sonnenverbrannt.

Unruhe im Auditorium

Mo.: Die Umkehrung bedeutet also, es ist etwas unauffällig. Man schaut nur von Ferne zu, aber man schaut nicht recht hin.

Proletarier haben wir nicht umgekehrt.

X.: Aristokratisch, Herr.

Mo.: Ja, aristokratisch, übergeordnet... Das ist eine Autoritätsgeschichte, nicht wahr? Autoritätsprobleme müssen da eine Rolle spielen, einem Mann gegenüber. Das betrifft den jungen Mann im ersten Teil. Jetzt kommen wir zurück auf die Oberschenkel. Was ist nun die Umkehrung. Davon haben wir schon vorher gesprochen.

W.: Der Oberkörper.

V.: Der Oberkörper des Mannes der Analytikerin.

Mo.: Da wäre eine Umkehrung innerhalb des zweiten Teiles sichtbar.

St.: Beim Mann und bei der Frau. Bei der Frau ist der Unterkörper entblößt, beim Mann der Oberkörper.

Mo.: Was da häßlich ist und sehr auffällig, bedeutet eigentlich den Oberkörper des Mannes. Der Oberkörper des Mannes, nachdem man auf was nicht schauen kann? (Die Umkehrung innerhalb des zweiten Teiles müssen wir ja auch verstehen). Was heißt das: Die Umkehrung des zweiten Teiles in bezug zum ersten Teil? Was ist die Umkehrung, umgekehrt?

Ratlosigkeit im Auditorium

Mo.: Alles was im zweiten Teil vorkommt, muß ja umgekehrt für den ersten Teil gelten. Eine Umkehrung, wie Sie richtig gesagt haben, von unten nach oben, soll umgekehrt werden.

Das Auditorium ist weiterhin ratlos.

Mo.: Minus mal minus macht?

Auditorium: Plus, eine Verstärkung.

Mo.: eine Verstärkung der gleichen Tendenz, in Richtung auf die Entwertung des Mannes, der wie eine Autorität wirkt. Was heißt das, daß er wie eine Autorität wirkt, wenn die Proletariersituation darin vorkommt, und wenn wir darin die Umkehrung erkennen, daß heißt, daß er sich selbst wie ein Proletarier vorkommt. Er hat also eine starke Unterwürfigkeitsreaktion gegenüber diesem jungen Mann, den er verstärkt abwehren muß. Sind Sie einverstanden damit? Gehen wir jetzt weiter.

V.: Der Mann der Analytikerin, der im Garten arbeitet, wie der Vater des Kollegen. Und er war verstrubbelt.

Mo.: Ja, drehen Sie um ... Er arbeitet im Garten.

V.: ... der etwas Vornehmes an sich hat, der angezogen ist.

Mo.: Und gegen den man doppelt starke Vorwürfe hat, weil man sich ihm so unterwirft, nicht wahr?

V.: Ja.

Mo.: Und dann ... Er arbeitet gewöhnlich im Garten so. Kehren Sie um. Der Garten kommt ja hier vor. Der Analysenbezug ist da sichtbar (in der Umdrehung): er tut nichts im Zimmer.

X.: *Sie* tut nichts im Zimmer.

Mo.: Sehr richtig, *Sie* tut nichts im Zimmer. Ausgezeichnet. Sie haben uns da auf einen schweren Fehler, der uns unterlaufen ist, aufmerksam machen können, weil wir den Mann nicht umgekehrt haben.

Verhaltenes Gelächter im Auditorium

Mo.: *Sie* tut nichts im Zimmer. Was heißt das? Sie ist angekleidet, weiter ... Verstrubbelt, was heißt das?

V.: Sie ist gepflegt.

Mo.: Nachdem Sie zu Beginn gesagt haben, die Übertragungsbezüge seien offensichtlich, können Sie jetzt eine Tendenz in diesem Traum erkennen?

Sie tut nichts im Zimmer. Er...

W.: fühlt sich unterlegen gegenüber dieser Autorität und möchte eigentlich rebellieren.

Mo.: ...enorme Vorwürfe machen, nicht wahr?

W.: Ja.

Mo.: Er möchte enorme Vorwürfe machen, und er sagt, das Ganze sei ein Bild, in dem nichts läuft. Da sehen Sie die unbewußte Spannung. Das Ganze hat mit der Analyse zu tun, beziehungsweise, es ist außeranalytisch, das heißt, daß in der Analyse eine heftige Vorwurfshaltung der Analytikerin gegenüber vorliegt, der er sich unterlegen vorkommt, während sie so ungeheuer geordnet ist. Sie ist so geordnet. Das Verstrubbelte umgekehrt, ist geordnet. Das wäre also die Tendenz in diesem Traum, die wir gesucht haben.

Nun möchten wir aber noch wissen, warum er ihr so enorme Vorwürfe machen will. Was meinen Sie dazu? Wie können wir jetzt da weiterkommen?

V.: Können wir nicht zum ersten Teil des Traumes weiterschreiten?

Mo.: Ja.

V.: Er macht im manifesten Traumbild dem jungen Mann keine Vorwürfe darüber, daß er bei dem jungen Mädchen der Rivale für ihn sei, und dabei haben wir herausgefunden, daß er heftige Vorwürfe gegen diesen jungen Mann haben muß.

Mo.: Jawohl. Folglich sind wir auch berechtigt, das hier noch weiter und genauer anzusehen. Was bedeutet die Sukzession? Im Traum erscheint doch zuerst: »Ach, da kommt ja ein schönes junges Mädchen« und erst danach: »Ach, da ist ein junger Mann dabei.« Es ist typisch das gewesen. Was bedeutet das?

Pause

Mo.: Da laufe ich irgendwohin, und da sehe ich jemanden, und dann sehe ich noch jemanden. Und dann kommt noch ein dritter, und dann kommt noch ein vierter ... Was heißt das?

V.: Noch einer, noch einer. Das ist ein Nebeneinander in der Sukzession.

Mo.: Was meinen Sie damit?

V.: Daß er vielleicht der Analytikerin Vorwürfe macht, daß nicht nur er allein da ist, mit dem sie sich beschäftigt, sondern daß viele andere noch da sind.

Mo.: Da haben Sie recht, ja.

X.: Nach der Stunde kommt noch einer.

Mo.: Da haben wir sehr wenige Anhaltspunkte für Ihre Vorstellungen, nicht wahr?

Aber es ist etwas im Unbewußten, was ihn sehr stört. Das haben wir schon herausgebracht: die Tendenz ist Kritik, Vorwürfe zu machen, Abschätziges darüber zu sagen. Jetzt, wenn der Traum damit anfängt, daß zuerst die Frau kommt, das junge Mädchen und dann der Mann ... »Ach, dem Mann habe ich gar nichts vorzuwerfen«, was heißt das? Was ist das für eine Tendenz?

P.: Der Frau umso mehr.

Mo.: Was ist das für eine Tendenz?

Pause

Mo.: Ich will mit einem Mädchen ausgehen, das machen wir ab, und dann kommt sie mit einem Freund. Und dann sage ich: »Oh, das macht nichts, dann gehen wir eben alle drei aus.« Was heißt das?

X.: Eine Ablehnung seiner Gefühle, ein Nicht-Wahrhaben-wollen seiner Gefühle.

Mo.: Ja, vielleicht schon, aber welche Gefühle will man nicht wahrhaben?

V.: Aggressionen.

Mo.: Ja, schon Aggressionen. Es ist eine ungeheure ... Was ist das?

St.: Unterwerfung.

Mo.: Unterwerfung unter wen?

St.: Es ist Schicksal.

Auditorium Gelächter

Mo.: Nein, das ist eine ungeheure Entwertung. Ich habe gedacht, Sie würden sagen, es sei eine Unterwerfung unter den Mann. Entweder soll er doch weggehen, wenn das Mädchen mit einem Freund kommt, und dann sollen sie allein ins Kino gehen, oder dann soll er ihn wegbeißen.

St.: Aber weshalb soll das eine Entwertung der Frau sein. Die Frage der Unterwerfung unter den Mann verstehe ich schon. Aber die Entwertung?

Mo.: Es ist eine Entwertung seiner Gefühle.

X.: Also doch eine Entwertung seiner Gefühle!

Unruhe im Auditorium

Mo.: Nein, eine Entwertung der Frau. Stellen Sie sich doch vor: Ein junger Mann steigt mit einem Mädchen in die Straßenbahn, und dann trifft er dort einen Kollegen, und er spricht eine halbe Stunde ununterbrochen mit dem Mann. Das Mädchen läßt er daneben stehen. Plötzlich schaut er sich um. Dann ist das Mädchen weg, wenn es ein richtiges Mädchen ist, oder? Er hat gar nicht bemerkt, wie es bei einer Station ausgestiegen ist. Sie ist ausgestiegen, weil sie beleidigt war, nicht wahr? Das ist doch normal.

Die Bedeutung des Mannes, der da sofort neben dem Mädchen auftritt, ist ein Hinweis darauf, daß ihn etwas stört und das, was ihn stört, ist die Frau. Wenn der Mann auftritt, ist er ganz zufrieden. Die Rationalisierung: »Mich stört ja nicht, daß der Mann dabei ist« ist eine Rationalisierung seines Gefühls dem Mädchen gegenüber.

Er sagt ja: »Es kommt ein Mädchen... Ah, es kommt ein Mann.«

Und dann erscheint das Gefühl, das hier angeregt wurde, im zweiten Traumteil wieder: Da kommt gerade zuerst der Mann und dann kommt die Frau, die von der Mutter ganz abschätzig behandelt wird. Dabei wird der Mann im zweiten Traumteil gar nicht besonders abschätzig behandelt. Dieser Mann, der da im Garten arbeitet, hätte gewiß der Mutter noch ganz gut gefallen. Die Mutter hat ihm die Frauen entwertet.

Er hat sich ja mit der Mutter identifiziert. Das haben wir schon früher gesehen.

Auf welche Problematik weist das nun hin?

V.: Eine homosexuelle Problematik.

Mo.: Eine homosexuelle Problematik dürfte hier im Vordergrund stehen. Ja, können Sie denn das beweisen?

Bemerkung: In diesem Moment will ich mir eine Zigarette anzünden, jemand aus dem Auditorium will mir Feuer geben. Ich sage: Nein, Feuer habe ich schon. Ich suche nach meinem Zigarettenspitz. Es ist offensichtlich, daß mir auch etwas fehlt. Ich sage: Das ist ja der reinste Kastrationskomplex. *Gelächter im Auditorium*

V.: Die Identifizierung mit der Mutter.

Mo.: Ja, schon, aber bei meiner Auffassung von der Homosexualität ist es eben nicht das Charakteristische an der Homosexualität, daß der gleichgeschlechtliche Partner zu Liebeszwecken verwendet wird, sondern das Typische an einem solchen Verhalten ist der Rollenwechsel. Das heißt, daß da ständig immer wieder zwischen den beiden Partnern die Rollen ausgewechselt werden. Einesteils sind sie sehr narzißtisch, und andernteils unterwerfen sie sich sehr stark. Mit dem Rollenwechsel meine ich: Man sucht den Partner, der die Eingenschaften hat, die man selbst gerade nicht hat, in die man aber überwechseln kann, genauso wie eben der Partner es tut. Das phallisch-narzißtische Verhalten, das in der Traumerzählung vorkommt, wechselt mit dem unterwürfigen Verhalten, zielt darauf hin, daß der Partner in diesem Rollenwechsel immer in entgegengesetzter Richtung mitmacht. In diesem Rollenwechsel kommt die erotische Aufschaukelung zustande, bis die Triebspannung in einer ungefährlichen Weise abgeführt werden kann.

V.: Er sagt also, daß die Analytikerin etwas tun soll. Wir sind in der Traumdeutung soweit gekommen.

Mo.: Sie soll etwas tun – sie tut nichts. Wir wissen nicht, ob sie etwas tun soll.

V.: Aha!

Mo.: Sie ist einfach da, sie tut nichts. Schön geordnet ist sie da.

V.: Und er will ihr etwas vorwerfen.

Mo.: Er will ihr etwas vorwerfen. Und was will er ihr vorwerfen? Es scheint mir aus der Sukzession der auftretenden Personen im Traum außerordentlich deutlich.

Y.: Daß sie nicht ein Mann ist.

Mo.: Natürlich, daß sie eine Frau ist. Das möchte er ihr vorwerfen und kann damit nicht herauskommen.

Was meinen Sie zu diesem Schluß, zu dem wir jetzt gekommen sind, im Vergleich zum Anfang unseres Colloquiums heute abend mit der Dezentralisierung unseres Interesses.

Pause

Es hatten sich doch zwei Gruppen gebildet; die einen sagten, die Analytikerin hätte den Traum anders gebracht als der Patient es ihr erzählt hatte, während die anderen meinten, sie hätte es schon so gebracht, wie es der Patient erzählt hatte. Wir hatten uns also um die Analytikerin gekümmert und nicht um den Träumer.

Warum?

V.: Wir haben einen Rollenwechsel gemacht.

Mo.: Einen Rollenwechsel haben wir gemacht, sehr schön. Weiter? Wir haben uns da sofort identifiziert, wir wollten unser Interesse auf die Analytikerin richten, weil sie eine Frau ist, weil wir gespürt haben, ganz instinktiv, daß da gewaltige Entwertungen mit ihr vorgenommen werden. Der Patient hat also eine Übertragung, die eine starke homosexuelle Tendenz zeigt, wobei die Figur, die Person der Analytikerin, außerordentlich störend auftritt. Doch die Zusammenhänge mit der Homosexualität gefallen mir noch nicht so ganz.

V.: Sie sagten doch, die Tatsache, daß die Analytikerin im manifesten Traumbild auftritt, sei ein Beweis für eine positive Übertragung. Und nun haben wir gerade festgestellt, daß außerordentlich starke Spannungen vorliegen, indem der Patient die Analytikerin entwertet oder entwerten möchte. Ich habe das Gefühl, das ist keine positive Übertragung.

St.: Es ist eine sehr abhängige Übertragung, das heißt, es sind große Abhängigkeiten in der Übertragung sichtbar. Insofern kann man sie positiv nennen, und zwar in dem Sinne, daß er sehr fest in dieser Analyse steht und von der Analytikerin sehr stark abhängig ist.

Mo.: Eine sehr starke Abhängigkeit ist in dieser Übertragung sichtbar. Woran erkennen Sie das? Können Sie es beweisen?

V.: Sonst würde er den Traum nicht erzählen.

Mo.: Er würde ihn nicht erzählen. Aber ganz am Schluß macht er was?

St.: Er identifiziert sich mit der Mutter.

Mo.: Ja, natürlich, er identifiziert sich mit der Mutter. Was heißt das?

K.: Er ist ambivalent der Mutter gegenüber.

Mo.: Ja, gewiß ambivalent. Er ist sehr stark an die Mutter gebunden. Er zeigt eine starke Identifikation mit der Mutter. Wenn das assoziativ am Schluß der Traumerzählung erscheint, dann heißt das was?

V.: ... daß er sich nicht mit der Analytikerin identifizieren muß.

Mo.: Nur nicht mit der Analytikerin. Es wäre außerordentlich gefährlich, sich jetzt mit ihr zu identifizieren. Es ist *außerordentlich gefährlich*, sich jetzt mit ihr zu identifizieren. Es geht jetzt darum, die Analyse in dieser Art weiter zu machen, und warum ist denn das jetzt so besonders gefährlich?

Lange Pause

Mo.: Jetzt schauen Sie einmal den ganzen Traum an. Der Traum beginnt im ersten Teil mit dem jungen Paar. Hier wissen wir, daß die Attraktion des Mannes viel größer ist als die der Frau. Dann geht aber der Traum weiter, und es kommt die Umkehrung. Jetzt bekommt der Umstand eine Bedeutung, daß das zweite Paar älter ist, die Analytikerin mit ihrem Mann.

Wenn wir das vergleichen, dann wäre also eine Tendenz sichtbar, dasselbe nochmals zu wiederholen und auch hier dem Mann die besondere Aufmerksamkeit zu schenken. Dort wird aber die Aufmerksamkeit von der Mutter, mit der er sich identifiziert, *auf die Frau* gerichtet, und der Inhalt des gesprochenen Wortes, was im manifesten Traum und in den bewußten Assoziationen erscheint, enthält die Entwertung. Folglich ist unbewußt...

V.: ... eine Aufwertung anzunehmen.

Mo.: ... was wiederum der Umkehrung entspricht. Die

Analyse steht offenbar an einem Punkt, in dem die homosexuelle Neigung zu verfallen droht, weil die Übertragung eine derartige Intensität erreicht hat, daß der Patient jetzt an dem Punkt steht, sich mit der Analytikerin zu identifizieren, und das führt dazu, daß er alles so verschwimmen läßt und sagt: »Ja, das war ja gar nichts, es hat mit der Analyse nichts zu tun etc.«, daß er bagatellisiert. Jetzt ist die Analyse erstmals gefährlich geworden für die latenten oder manifesten homosexuellen Inhalte. Jetzt werden wir gefährlich. Gefährliche Dinge werden wir jetzt tun, weil wir uns immer gerne auf die Äste hinauslassen. Wir möchten noch sagen oder fragen, handelt es sich bei dieser Entwicklung um manifest homosexuelle oder latent homosexuelle Tendenzen? Haben wir Anhaltspunkte für solche Überlegungen?

Z.: Die Identifikation mit der Mutter.

Mo.: Die so bewußt erfolgt. Was würden Sie daraus schließen, wenn die Identifikation mit der Mutter so bewußt erfolgt?

V.: Auf manifeste homosexuelle Tendenzen.

Mo.: Weshalb?

Unruhe im Auditorium

Mo.: Sie verstehen. Wir lassen uns auf die Äste hinaus.

V.: Sie sagten soeben, es drohe jetzt, daß er seine homosexuelle Übertragung aufgibt und sich mit der Analytikerin identifiziert. Das sagten Sie doch vorhin. Also wenn das so ist, könnte das auch ein manifest Homosexueller gewesen sein, der sich der Analytikerin gegenüber so verhält als ob sie ein Mann wäre, und jetzt wechselt die Übertragungsbedeutung, indem sie zur Frau wird.

Mo.: Ja, gewiß. Die Frage ist vielleicht zu schwer lösbar. Es interessiert uns vielleicht auch nicht so sehr. Wir müssen ja das nicht unbedingt herausfinden. Fragen wir noch etwas anderes. In welcher Position, in welcher regressiven Position steht der Patient: eher in einer sadoanalen oder mehr in einer narzißtisch-phallischen? Was ist hier stärker betont? Die Unterwerfung oder die mehr phallischen Züge?

St.: Ich glaube, manifest ist mehr der phallische Anteil, aber latent ist der anale wirksam: die Unterwerfung.

Mo.: Was uns wiederum ein Beweis dafür ist, daß die homosexuelle Problematik bei diesem Patienten sicher vorliegt.

Was würden Sie jetzt meinen in bezug auf die Art dieser Homosexualität? Wenn diese homosexuellen Neigungen in die Übertragung kommen, und zwar so, daß sie von der Übertragung abgelöst werden, die Analytikerin eine Frau ist, und wenn es nun ein manifest Homosexueller wäre, würden wir dann erwarten, daß große Ängste vor einer oralen Regression oder geringe Ängste vor einer oralen Regression auftreten würden?

St.: Bei einem manifest Homosexuellen wahrscheinlich große Ängste.

Mo.: Enorm starke Ängste würden bei einem manifest Homosexuellen auftreten. Was würden wir dann bei einer Traumerzählung erwarten?

St.: Daß mehr Angst auftritt.

Mo.: Und in bezug auf die Anpassung?

St.: Er könnte nicht so schön jonglieren, glaube ich, er könnte nicht alles so umkehren und damit umgehen.

Mo.: Es würde alles mehr auseinanderflattern. Es wären stärkere prägenitale Züge sichtbar. Die Anpassungsleistungen, die er doch zeigt, könnten kaum so geordnet sein. Deshalb meine ich, es wären da eher latente, aber ziemlich starke homosexuelle Tendenzen vorhanden.

Aber wenn es jetzt herauskommt, daß es sich um eine

Frau gehandelt hat, die das geträumt hat, da sind wir schön hereingefallen.

Gelächter im Auditorium

Mo.: Nehmen wir an, es wäre eine Frau gewesen, die diesen Traum gehabt hat. Ich weiß nicht, aber ich glaube die Problematik wäre dieselbe. Wir sind ja nicht so sicher, ob es sich um einen Mann handelt oder um eine Frau, aber ich glaube doch, es ist eher ein Mann. Ist es wohl ein älterer Herr oder ist es ein jüngerer?

X.: Das ist ein jüngerer Mann.

Mo.: Wir machen ja immer gerne solche Fragestellungen. Es ist doch sicher eher ein junger Mann mit diesen starken Affektspannungen. Ist er schon lange in einer Analyse oder ist er ganz kurz in Analyse?

St.: Schon länger in Analyse.

Mo.: Schon länger würden wir sagen. Ist diese Analyse bald fertig?

St.: Nein, eher nicht.

Mo.: Sind sonst noch Fragen? Ist es uns klar, was wir meinen?

Der Bericht der Traumreferentin

Traumreferentin L. (TR. L.): Es handelt sich um einen 25jährigen Patienten, und die Stunde, über die ich berichtet habe, war die 44. Stunde, die in den Weihnachtsferien stattfand. Sie hat eine Vorgeschichte. Der Patient war einigermaßen unglücklich über die Weihnachtsferien, was er aber nicht recht zeigen wollte, und die letzte Stunde – es war die 43. – verlief recht vage, und er hat sozusagen alles eingepackt und wollte nichts mehr zeigen.

Am Morgen dieses Tages – es war immer noch in den Ferien – bekam ich einen Telephonanruf von der Mutter des Patienten, mit der ich vorher nie gesprochen hatte. Sie berichtete, der Patient sei sehr unglücklich, er habe am Abend vorher einen Weinkrampf gehabt, sie habe ihm ein Librium und ein Schlafmittel gegeben, doch er habe nicht schlafen können. Und er muß jetzt unbedingt etwas tun. Ob sie ihn zum Arzt schicken solle, oder ob er zu mir kommen könne. Ich sagte, er kann kommen. Und dann kam er.

Er sagte: »Ja, das ist eben so gewesen mit meiner Mutter. Sie hat mich sozusagen erpreßt. Sie wollte mich zum Arzt schicken, sonst wäre ich ja nicht gekommen... Ja, und bevor ich Ihnen den »Mais« von gestern abend erzähle, habe ich einen Traum gehabt in den Ferien, in dem Sie vorkommen. Da kommen eben Sie drin vor, und deshalb will ich ihn erzählen.«

Daraufhin erzählte er diesen Traum. Das war also die Situation, in der der Traum erzählt wurde.

Die Geschichte mit der Übertragung, die hier abgeleitet wurde, der er sich allmählich erst bewußt wird und die aus der Vorgeschichte deutlich hervorgeht, ist ja überaus deutlich.

Jetzt zu der homosexuellen Tendenz: Da muß man sagen, es ist so ein Mittelding zwischen latenter und manifester Homosexualität. In der letzten Zeit hat er sich nie homosexuell betätigt, aber er hat in den letzten Jahren des Gymnasiums ein homosexuelles Erlebnis gehabt. Auch mit dem Bruder hatte er in früheren Jahren homosexuelle Begegnungen. Aber er hat dann immer wieder versucht, mit einer großen Anzahl von Mädchen seine homosexuellen Tendenzen zu unterdrücken. Aber es ist ihm dabei nie gelungen. Er ist sich dieser Situation jetzt wieder sehr bewußt, und er hat kolossale Angst, was er etliche Male aussprach, daß ihn die Analyse schließlich dazu führen werde, wirklich homosexuell zu werden.

Mo.: Nun sollten Sie uns noch sagen, was Sie zu unseren ganzen Ableitungen meinen.

TR. L.: Es hat mich sehr beeindruckt.

Gelächter im Kolloquium

TR. L.: Sie haben viel mehr aus dem Traum herausgebracht, als ich je gesehen habe. Es entspricht eigentlich alles sehr genau dem, was ich aus der Geschichte des Patienten bereits kenne. Es gibt eigentlich gar nichts, wo ich Einspruch erheben müßte.

Mo.: Dann werden wir versuchen, den Einspruch zu erheben. Was haben Sie einzuwenden, wo sehen Sie, daß wir uns verfahren haben?

V.: Ich wundere mich, daß es erst die 44. Stunde war, in der der Traum gebracht worden ist.

TR. L.: Dazu muß ich etwas sagen. Während der Analyse ist der Patient zweimal im Militärdienst gewesen. Die Analyse begann Mitte Mai 1963.

Mo.: Es wundert uns zum Teil nicht, aber an einem Punkt war unsere Interpretation nicht richtig und zwar wo?

Pause

Mo.: In der Beurteilung der Bedeutung der Übertragungssituation haben wir uns verfahren.

Es handelt sich nicht um eine Ablösung der homosexuellen Tendenz durch die Übertragung. Nun, wir sind ja schon stolz darauf, das alles gefunden zu haben, aber es gibt hier eine Nuance, auf die wir hinweisen müssen. Es handelt sich also nicht darum, daß die homosexuellen Tendenzen mit den narzißtisch-phallischen Haltungen und die sado-analen Tendenzen bereits in der Übertragung durchgearbeitet worden sind, sondern es ist die Drohung der *erstmaligen* Übertragungsentwicklung. Mit anderen Worten, er ist jetzt dabei, sich erstmals in die Übertragung einzulassen.

Wir haben also die Analyse *viel weiter* nach vorne und in die Tiefe verlagert in unserer Interpretation. Es ist ein junger Mann, der noch sehr viel agiert. Wir haben gehört, daß er einen großen »Mais« gehabt hat am Abend vorher. Er steht jetzt in einer starken Übertragung zur Analytikerin, und jetzt sollte es endlich mit diesem »Mädchen« einmal gehen. Es sollte deshalb jetzt gehen, weil diese Beziehung noch nicht erotisiert ist, beziehungsweise die Sexualität in ihr noch keine Rolle spielt. Wenn diese Übertragungsphase zustandekommt und er angstfrei, entspannt wird in der Übertragung, dann kommen eigentlich erst die Dinge – würde ich sagen – die wir in der heutigen Diskussion vorweggenommen haben. Wir haben also gemeint, dies sei alles schon durchgearbeitet worden.

Wir können uns deswegen keinen Vorwurf machen, weil im Verlauf der Analyse sich diese Dynamik wiederholt.

Ich möchte sagen: Wenn er sich dann auf der ödipalen Stufe der Identifikation mit der Analytikerin ihr zuwendet, und die Inzestwünsche dann durchbrechen und die Kastrationsängste ihn in die orale Regression hineinbringen, haben wir ähnliche Situationen. Aber wir hätten es an etwas merken können. Diese Art des Oberflächlichen, des Bagatellisierens hätte uns darauf bringen müssen. Dann weiter, daß wir so schnell zu Beginn unser Interesse auf Sie (Traumreferentin) gewendet haben. Dies hätten wir nicht getan, wenn wir da in einer Situation gewesen wären, die so tief sitzen würde, wie wir das angenommen haben. Verstehen Sie, was ich meine: Wir hätten anders angesprochen. Wie wir das auch interpretieren, an einem müssen wir festhalten: Was den Stand der Entwicklung dieser Anlyse anbetrifft, sind wir in unseren Deutungen weit vorangeeilt. Wir sind in der ersten Phase, wo sich die Übertragungsentwicklung zeigt. Es handelt sich gewiß nicht um eine homosexuelle Entwicklung, wo eine schwere orale Regression zu befürchten wäre. Dies zeigt sich schon in dem Umstand, daß er Sie (die Traumreferentin) als Analytikerin gewählt hat. Ein schwer homosexueller Mann würde ja kaum in der 44. Stunde bereits einen solchen Traum bringen. Aber etwas dürfen wir uns schon zugute halten, wenn wir so wenig wissen. Diese Überlegungen gehören eben zu den Dingen, die man wahrscheinlich nicht vom Traum allein ablesen kann.

V.: Ich glaube, es ist sehr wichtig, daß wir diesen Fehler gemacht haben. Das zeigt doch irgendwo, daß die Traumdeutung, beziehungsweise, daß die Träume dasselbe anbieten bei einem Übertragungswechsel wie überhaupt bei der Konstellierung der Übertragung zu Beginn.

Mo.: Natürlich. Im Laufe der Analyse zeigt sich ja am Wiederholungszwang immer dasselbe. Anhand des Traums allein ist es sehr schwer zu wissen, wo wir stehen. Aber wir haben es ja gesagt: Es war unsere Spekulation. Hätten wir aber mehr Zeit noch zur Verfügung gehabt, es wären Anhaltspunkte aufzufinden gewesen, an denen wir auch diese Punkte hätten ableiten können. Im Ganzen zeigt es uns einmal mehr, daß man eben doch mit dieser Art der Traumbearbeitung auf dynamische Dinge stößt und zurückkommt, wenn man konsequent die Technik der Traumdeutung anwendet.

Haben Sie noch etwas hinzuzufügen?

TR. L.: Ich wollte noch bestätigen, daß der Patient in seinem äußeren Gehabe, in seinem Umgang mit Mädchen, die phallische Haltung zeigt, in der Analyse aber ständig sado-anales Material bringt. Hier könnte man noch etwas über die allgemeine und die spezifische Tendenz in der Analyse sagen: Die allgemeine Tendenz wäre die des phallisch-narzißtischen Reagierens, die spezifische innerhalb der analytischen Situation wäre sado-anal gefärbt.

Mo.: Das ist sehr schön. Ich danke Ihnen für diese Mitteilung. Jetzt möchte ich Sie noch fragen, wie Sie zu unserer allerersten Auseinandersetzung stehen, als wir die Aufmerksamkeit auf Sie richteten und nicht auf den Träumer. Wie sehen Sie das? Haben Sie den Traum so erzählt, wie ihn der Patient gebracht hat, oder anders?

TR. L.: Ich habe mich bemüht, es möglichst ähnlich zu bringen, wie es der Patient mir erzählt hat.

Mo.: Das habe ich mir auch gedacht, daß Sie es möglichst ähnlich, wie es der Patient gebracht hat, uns haben erzählen wollen.

X.: Der junge Mann hätte wahrscheinlich anlagemäßig durchaus eine normale Beziehung zu Mädchen haben können, wenn nicht seine Mutter so abschätzig über die Frauen gesprochen hätte.

Mo.: Ja, da kommen Sie auf ganz grundlegende Fragen, indem Sie meinen, es gebe da vielleicht eine Anlage. Was wir vielleicht sagen können, ist, daß die frühe Erotisierung durch die Mutter hier eine große Rolle spielt.

TR. L.: Die Mutter ist die starke Persönlichkeit in der Familie.

Mo.: Ja, das ist sie, die eingreift und telephoniert, den Sohn zum Arzt schicken will. Sie, die Librium gegeben hat. Dann war es interessant zu hören, daß der Patient zuerst den Traum erzählen wollte, bevor er dann auf den »Mais« vom Abend vorher zu sprechen kam. Da gab es offenbar einen Krach vorher. Da hat er wahrscheinlich um die Analytikerin gekämpft und war auf die Mutter böse.

TR. L.: Nein, so war es nicht. Sondern er hat den Seelenschmerz erzeugt, um einen Grund zu haben, dann zu mir zu kommen. Doch das konnte er nicht selbst in die Wege leiten, sondern er mußte es der Mutter vorspielen, bis die Mutter so entsetzt war, daß sie dann eingriff und er auf diesem Umweg zu mir kommen konnte.

Unruhe im Auditorium

Mo.: Wir können der Analytikerin gratulieren, daß sie in der 44. Stunde die Analyse soweit vorwärts getrieben hat. Das zeigt eben, daß diese Analyse durchaus richtig und klassisch durchgeführt worden ist. Da mußten verschiedene Übertragungswiderstände richtig bearbeitet worden sein. Da darf man dem Patienten nicht Angst machen.

Fritz Morgenthaler

Positive Übertragung. Erläuterungen zu einem Traumseminar

Wenn man aufgrund eines Traumes dazu verleitet wird, bei einem Patienten an eine Konversionshysterie oder an einen hysterischen Charakter zu denken, darf man nie vergessen, daß es sich um einen Traum handelt.

Eine Patientin, die eine Konversionshysterie hat, würde einen Traum bringen und zum Ausdruck bringen: Das hab' ich eben nicht sagen können, ich kann das nicht; sie würde aber die Bedrängnis nicht spüren. – Eine Konversionshysterie ist eine Persönlichkeit, die immer einen Meter über dem Boden schwebt. Sie nimmt nichts wahr, hat eben ihre »belle indifférence«.

Diese Frau, um die es uns ging, hat keine belle indifférence. Ich würde meinen, sie hat eine typische hysterische Charakterstruktur. Ihre ewige Geschichte, daß sie immer an den Wünschen, die sie hat, scheitert. Immer das Gefühl hat, sie soll was machen, aber sie kann es nicht. Sie hat eine Charakterhaltung, die es ihr nicht ermöglicht, sich zu zeigen. Eine Konversionshysterie kann sich aber mit ihren Symptomen irrsinnig gut zeigen. Diese Frau hat eine Charakterhaltung hysterischer Natur annehmen müssen, indem sie ihre Wünsche verdrängen muß. Sie verhält sich immer so, daß ihre Wünsche eigentlich nie befriedigt werden können, und daran leidet sie. Auch neigt sie dazu, viel zu starke Gefühle zu haben für andere Menschen, so daß sie diese verdrängen muß und dann eine Exhibitionshemmung ausbildet, daß sie eigentlich eine Frau ist, die chronisch frustriert ist.

Und nachdem ich das soweit entwickelt habe, würde ich fragen: So, was machen wir jetzt? Mit so einem Traum. Deutet man diesen Traum? Den Traum zu deuten, würde was bedeuten, wenn man ihn so deuten würde?

Seminarteilnehmer H. (H.): Ja, da ist ja alles schon drin.

Fritz Morgenthaler (Mo.): Was?

H.: Daß man ihn nicht in dieser Form deuten sollte.

Mo.: Was würden Sie deuten? Das reicht mir nicht. Rein technisch gesehen, warum darf man den Traum nicht deuten?

H.: Wegen der positiven Übertragung.

Mo.: Sehr schön, sehr schön. Sonst würden Sie die positive Übertragung deuten. Nun ist es aber so, daß ein Teil von der positiven Übertragung der Verdrängung verfallen ist. Deshalb kommen wir als Analytiker mit solchen Patienten in eine große Schwierigkeit. Denn eigentlich müßten wir einen Teil der positiven Übertragung deuten, aber nur den Teil, der verdrängt ist. Wenn man aber diesen Teil der positiven Übertragung deutet, dann läuft man Gefahr, daß man auch den andern Teil der positiven Übertragung deutet. Dann kommen wir vom Regen in die Traufe. Denn mit der positiven Übertragung müssen wir arbeiten und sie nicht deuten.

Das hat mir einmal, als ich so alt war wie Sie, riesige Probleme gemacht. Ich hatte eine Frau in Behandlung, die unter schweren somatischen Störungen litt, und die ganz charakteristisch die positive Übertragung allzuschnell anwachsen ließ, und nachher hat sie sie somatisiert. Das hat sie mit den psychosomatischen Störungen dargestellt, und es ist immer deutlicher geworden, daß es Anteile der positiven Übertragung sind, die der Verdrängung verfallen ist. Ich bin in einer Schwierigkeit gewesen. Wie sollte ich da vorgehen? Es hat mir solche Probleme gemacht, daß ich in unserem »Mittwochkränzli« immer wieder den Fall gebracht habe. Wir haben das mit den Kollegen besprochen, wir haben das alles nicht so recht gewußt, und Kontrollanalytiker habe ich keinen gehabt, mit dem ich das hätte besprechen können. Der einzige vernünftige Kontrollanalytiker wäre damals mein eigener

Analytiker gewesen. Kurzum, ich habe nicht mehr gewußt, was ich tun sollte. Bis mir eingefallen ist, daß ich die Enttäuschung deuten soll. Dann bin ich draufgekommen, daß diese Frau eigentlich nichts anderes als erotische Enttäuschungen hat. Sie ist verheiratet gewesen und ist enttäuscht worden; von ihrem Mann ist sie enttäuscht worden und ist von allem enttäuscht gewesen, natürlich auch von mir. Da habe ich gedacht, eigentlich hat sie ja eine starke positive Übertragung verdrängt. Also muß ich ihr die Enttäuschung deuten an der Übertragung. »Sie sind doch einfach schwerstens enttäuscht von mir«. Das habe ich exemplarisch bei ihr probiert und habe einfach nichts anderes mehr gemacht, als ihr die Enttäuschung an mir zu deuten. Und dabei habe ich entdeckt, was ich dann später in die Technik einbezogen habe. Wenn ein Patient ein Stück positive Übertragung verdrängt, genügt es nicht, ihm einfach die Enttäuschung an mir zu deuten, solange ich mich nicht gleichzeitig aufwerte. Weil diese Patienten es nicht vertragen, daß der Analytiker sich entwertet, weil sie sich immer selber entwerten.

Dann bin ich auf die Idee gekommen mit den zwei Banderillas: Bevor der Torero kommt, kommt doch einer mit zwei Fähnchen, die man dem Stier eins rechts und eins links, setzen muß. Das ist so: Wenn man einem Patienten die Enttäuschung deutet, muß man ihm immer auch eine narzißtische Deutung geben. Also zum Beispiel: Sie sind so enttäuscht von mir, dabei bin ich doch der, der ständig da hinten hockt, und Sie haben noch nie jemanden gehabt, der Sie so versteht wie ich.

Das geschieht, um dem Patienten das Feld der Übertragung zu öffnen, in der ihm jetzt bloß die Enttäuschung bewußt wird. Mit dieser Aufwertung des analytischen Settings oder der ganzen analytischen Situation erweitere ich das Übertragungsfeld so, daß die positive Übertragung im vollen Umfang aufkommen kann.

Kommt ihr draus? Das hat uns damals sehr beschäftigt, diese Technik, also die Enttäuschungsdeutung mit gleichzeitiger narzißtischer Aufwertung. Bei der Patientin ist es dann phantastisch gut gegangen, als die Übertragungsverdrängung aufgehoben war und sich das Übertragungsfeld erweitert hat; wie auch Freud in »Erinnern, Wiederholen und Durcharbeiten« sagte: »Der Analysand tummelt sich auf dem Feld der Übertragung, zieht aus dem Arsenal seiner Vergangenheit seine Waffen Stück um Stück hervor, um sich gegen die Fortsetzung der Kur zu wehren.« Also das Feld hat sich verbreitert, die Übertragung hat den vollen Platz gehabt, und ihre somatischen Störungen sind praktisch verschwunden. Das war für mich der Anlaß, eine Arbeit zu schreiben über: »Mischneurose und psychosomatische Störungen«. Das war 1951 am IPA-Kongreß, in Amsterdam.

Ich sage bloß, das ist ein großes technisches Problem. Ja, aber zu Ihrer Patientin: Wir werden vom Analytiker bald hören, was mit ihr ist. Vielleicht stimmt das alles nicht. Ich meine, das ist ein massiver Übertragungstraum Ihrer Patientin. Bei ihr ist wahrscheinlich kein großer Teil der positiven Übertragung der Verdrängung verfallen. Diese Frau bildet eigentlich wenig Enttäuschungsreaktionen aus. Nach dieser Traumdiagnostik wäre es besser, jetzt nicht im Detail auf den Traum einzugehen. »Halte Dich zurück, Anna, denn Du weißt, wohin die Unbeherrschtheit führt«, weil die Gefahr zu groß ist, die positive Übertragung zu stark zu berühren. Aber es wäre ein Hinweis darauf, die Enttäuschungsreaktion, die man in diesem Traum immerhin sieht, herauszuholen und an jenen Traumelementen, wo die Enttäuschung da ist, ihr zu zeigen versuchen, daß der Traum eigentlich etwas mit uns zu tun hat, aber vor allem ihre Enttäuschung. Das wäre die Schlußfolgerung aus dieser Traumdeutung.

Die verdrängte positive Übertragung ist ein riesiges Problem. Das hat auch Freud in »Die Übertragungsliebe« beschäftigt. Oft meint man, man müsse die Regression zulassen, bis das Problem sich von selber löst. Es ist meine Erfahrung, daß das nicht stimmt. Man darf die Analysanden nicht in diese Regression hineinfallen lassen, sonst geht die ganze Analyse unter dem Klima einer sado-analen Übertragungsentwicklung vor sich. Das ist ganz ungünstig... Man muß zusehen, daß die exhibitorischen Tendenzen in der Übertragung möglich werden.

Natürlich, dieser schöne, exhibitorische Traum weist ja darauf hin, daß Sie sie nicht in diese passiv-anale Art hineintreiben. Ich wünschte, daß Sie ihr deutend mehr entgegenkämen. Sie könnten es ihr möglich machen, das Übertragungsfeld so zu verbreitern, daß sie mit ihren Gefühlen wirklich hineinkommen kann, ohne sich bedroht zu fühlen, ohne daß es eine unglückliche Verliebtheit gibt. Davor fürchtet sie sich natürlich, sie will eine Analyse machen und nicht einen Liebeswahn mit Ihnen ausbilden. Sie möchte ihre positiven Gefühle zum Ausdruck bringen, ohne jetzt in eine Sexualisierung zu kommen. Solche Menschen haben ganz besondere Hemmungen, zu Recht, die Beziehung zu sexualisieren. Das ist etwas ganz Gräßliches für die Patienten, wenn sie die Übertragung sexualisieren müssen, und es dient auch der Abwehr. Es ist unsere Aufgabe, in der Analyse die Übertragung zuzulassen. Die Libidobesetzungen sollen voll zur Geltung kommen und frei geäußert werden können, und dafür müssen wir natürlich auch eine entsprechende emotionale Haltung dem Patienten gegenüber zeigen, es aber nicht zulassen, daß die Übertragung sexualisiert wird; das ist eine höllische Abwehr. Übrigens hat diese Frau ihre ganzen Hemmungen in diesen Traum hineingelegt, sonst könnte sie ihn nicht so schön bringen. Man hätte ihr sagen können: »Wenn Sie einen Traum gehabt hätten, in dem keine Hemmungen wären, dann hätten Sie ihn sicher vergessen, und hätten ihn mir nicht so schön erzählen können. Das, was Sie hemmt, haben Sie im Traum versorgt und können ihn darum frei erzählen.«

So erweitert sich das Feld der positiven Übertragung, weil ich dieses Feld erweitern muß, damit diese große positive Übertragung darin Platz findet. Sie sind wie in einem zu kleinen Zimmer für die positive Übertragung: Verstehen Sie, Sie müssen ihr ein Château bauen, damit die Patientin auch ihre exhibitionistischen Tendenzen frei äußern kann, ohne sie zu erotisieren. Man kann den Traum benützen, um zu sehen, daß es nicht gut wäre, den Traum zu deuten, weil Sie damit die positive Übertragung viel zu direkt ansprechen würden.

Sie dürfen nicht vergessen, das Wichtige im analytischen Prozeß ist die neue emotionale Erfahrung mit Ihnen. Nicht mit dem Vater, nicht mit Brüdern, es ist eine neue emotionale Erfahrung, in der die Patientin in der Übertragung erlebt, sich frei äußern zu können, und aufgrund dieser neuen Erfahrung kann sie das dann auch mit anderen erleben. Das ist die analytische Position.

Wichtig ist, daß Sie genau hinhören und dem Traum genau folgen, und daß sie der Bewegung folgen, und dann nach den formalen Gesichtspunkten zwei, drei Dinge finden, einmal eine Verdichtung, dann eine Umkehrung, wenn eine solche da ist; wenn eine Umkehrung da ist, ist sie überall, und dann immer und grundsätzlich den Übertragungsbezug ins Zentrum stellen. Das Wichtigste im

Traum sind zwei Sachen: Einmal der Übertragungsbezug, von dem ausgehend, der Ihnen den Traum erzählt, das ist grundlegend. Wenn Sie einen Traum haben, heute Nacht, und morgens gehen Sie zum Bahnhof, weil Sie dort vielleicht Ihr Geld wechseln wollen, weil Sie dann nach Madrid fliegen, und dort beim Change steht ein Mann mit einem Zylinder, und der Traum fällt Ihnen ein, dann ist das ganz charakteristisch, hochspezifisch.

Wenn Sie aber ihren Traum behalten und nicht erzählen, und in diesem Traum ist ein Eichhörnchen vorgekommen, das Ihre Großmutter auf dem Schoß gehabt hat – sie hat zwar keines gehabt, aber Sie haben das geträumt. Wenn aber dieser Traum Ihnen von Ihrem Patienten ähnlich erzählt wird, da müssen Sie denken, hoppla, da ist bei mir was nicht in Ordnung. Das ist mir einmal bei drei Patienten passiert. Das sind Übertragungsmomente. Und wenn solche Elemente eine Rolle spielen, spielt immer die Identifikation eine entscheidende Rolle. (Die Identifikation macht in meinem Technikbuch ein ganzes Kapitel aus.) Wenn ein Traum da ist, müssen Sie immer daran denken: Wie ist die Übertragung und wie sind die Identifikationen. Es gibt keinen Traum, der irgendjemandem erzählt wird, ohne daß eine Identifikation im Unbewußten vorliegt, zwischen dem, der den Traum gehabt hat, und dem, dem er den Traum erzählt. Auch noch wichtig ist, was bewußt ist, kann nicht unbewußt sein. Das, was im manifesten Traum erinnert wird, kann niemals der Ausdruck des Unbewußten sein.

H.: Aber wenn zum Beispiel im manifesten Traumbild eine Toilette vorkommt, ich denke da an den Traum von . . . , sagt man doch auch Toilette – anal.

Mo.: Ja, aber sehr spät. Als Symbol: sehr spät. Wenn man die ganze Tendenz erfaßt hat und die Personenverteilung und ihre Bedeutung, dann kann man ja nach dem Inhalt gehen. Aber sehen Sie, Toilette, da sie auf der Toilette hockt, ist das Hocken wichtig, das ist auch was Anales, oder das Festhalten, nicht unbedingt die Toilette. Aber, daß da eine Toilette dargestellt wird ... Ich bin überzeugt, wenn man den Traum weiter analysieren würde, und auf die tiefen Inhalte kommt, auf die frühkindliche anachronistische Wiederholung, müßte man denken, wenn eine Toilette vorkommt, also ein richtiges WC, kann das nicht das WC sein. Sehen Sie, irgendeinmal müssen Sie einen Strich machen. Wir haben ja auch hier aufgehört an einer bestimmten Stelle. Wir sind keineswegs auf die frühkindlichen Konflikte gestoßen, die die Patientin mit ihrem Bruder hatte, und wie der Ödipus da läuft, und wo jetzt die Regressionen sind, die lassen wir jetzt sein. Es genügt, wenn wir sagen können: ein Teil der positiven Übertragung ist da verdrängt. Denn wenn ich das mit der positiven Übertragung erfaßt habe, die ich nicht deuten werde, dann interessiert mich das andere nicht.

Dann sage ich: Den Traum benütze ich jetzt, rein technisch gesehen, um die Enttäuschungsproblematik hereinzubringen. Mit der gleichzeitigen Aufwertung des analytischen Prozesses, um die Übertragung zu sichern. Das ist der Sinn. Es kommt doch darauf an, wie der Traum in den analytischen Prozeß integriert wird und nicht darauf, daß wir stur eine Traumdeutung machen.

Fritz Morgenthaler

Traumseminar (Anfang der achtziger Jahre)

Einleitung

Meine Damen und Herren,
Wir werden heute versuchen, gemeinsam ein Traumseminar abzuhalten, da Sie es wünschten. Ein Traumseminar ist keine Sherlok Holmes-Geschichte mit einer Pointe, obschon es eigentlich in meiner Erfahrung mit Traumseminaren gewöhnlich auf das herauskommt. Das ist noch das Lustige an der Geschichte, weil der Traumreferent, den wir dann hören werden, während der ganzen Diskussion nie zu Worte kommt, wir unsere Thesen, Hypothesen und Phantasien möglichst weitgehend, möglichst entschieden formulieren, daß es dann klar ist, was wir meinen, auf die Gefahr hin, daß alles vollständig falsch ist. Und am Schluß werden wir dem Traumreferenten das Wort geben, der uns über die Hintergründe, die ihm bekannt sind, berichten wird.

Das hat also gewisse Spannungsmomente. Indessen ist das aber nicht der Zweck des Traumseminars. Der Zweck des Traumseminars ist vielmehr der, die Entwicklung der Interpretation und Technik am Traum in einer möglichst reinen Form vorzulegen. Wenn wir zu viele Details, zu viele Assoziationen, Umstände, die uns immer so wichtig sind im Traum, mitbenutzen, wird die Struktur des Traumes einfach nicht klar sichtbar. Wenn wir darauf verzichten, die Assoziationen des Träumers und die gesamte Traumsituation miteinzubeziehen, dann werden die Mittel, die die psychoanalytische Methode zur Interpretation des Traumes zur Verfügung stellt, besser strukturiert, herausgehoben, wie ein Relief. Das ist der eigentliche Sinn der Durchführung eines Traumseminars. Wir wollen vom Traum nur den manifesten Inhalt hören und keine Begleitumstände. Ich fasse, aus der Sicht des Träumers, zusammen:

Fritz Morgenthaler (Mo.): ... Also, wir müssen uns zunächst natürlich die Vorstellung des manifesten Traumbildes genau vergegenwärtigen.

Der Träumer sagt: »Ich schlief in meiner neuen Wohnung, aber diese neue Wohnung war nicht so, wie sie ist. Die ist eine Altbauwohnung mit drei Zimmern, die ineinander übergehen und mit Flügeltüren verbunden sind. Im Traum lagen die drei Zimmer zwischen zwei Fluren und waren von beiden Seiten zugänglich, hatten zu beiden Korridoren Türen. Die Wohnung war leer, es standen einige Möbel herum, sie war noch nicht eingerichtet. Dann wurde ich wach, das heißt, ich träumte, daß ich wach wurde ...«

Also können Sie sich das jetzt vorstellen? Uns wars beim Erzählen nicht ganz klar, aber es hat sich jetzt herausgestellt. Sie sehen, wenn wir in der analytischen Arbeit einen Traum vorgelegt bekommen, ist diese Arbeit, die wir jetzt gemeinsam vornehmen, etwas, was wir ohne Worte in uns eigentlich vollziehen sollten. Wir sehen also diese drei Zimmer mit den zwei Korridoren, das scheint uns jetzt klar.

Dann geht der Traum weiter: ... »Ich erwache, aber es ist ein Erwachen im Traum. Ich hatte furchtbare Angst, aber es war nichts Konkretes. Es war etwas Unheimliches, Unbestimmtes. Ich wollte das Licht anmachen, aber es ging nicht, ich wußte, daß das zum Bedrohlichen gehört. Der Hund steht an mir auf, er ist vertraut, aber ich weiß, er gehört zum Unheimlichen. Ich habe geschrieen, dann bin ich richtig wach geworden.« Das sind lauter Äußerungen des Patienten, und das Ganze findet statt in der Traumsituation, in einer Wohnung mit Wänden, mit Zimmern, mit Strukturen.

Was sind das für Tendenzen? Was für Tendenzen sind

diese Äußerungen, die im Traum des Patienten vorkommen? Sind das fusionistische oder sind das strukturelle?

Seminarteilnehmer X. (X.): Ich meine strukturelle.

Mo.: Das sind eindeutig strukturelle Gesichtspunkte, die mit Ichfunktionen im Zusammenhang stehen, mit Reflexionen, mit dem Bewußtsein, wo man ist. Es sind Strukturen im Traum vorhanden, und da gehört natürlich noch ein Stück Erfahrung dazu, wie Träume zum Beispiel ausschauen bei so schweren narzißtischen Neurosen und wie sie ausschauen auch bei schwer konfliktbeladenen Psychoneurosen. Ein Traum von schwer narzißtisch gestörten Menschen ist eigentlich durch einen relativen Mangel an Dynamik charakterisiert. Einen schönen Traum darf ich vielleicht ganz kurz erwähnen, den wir in einem Traumseminar gebracht haben: Ein Mädchen in Analyse träumt, sie sei eine Pflaume, die an einem Baum hängt. Und nun wird sie reifer und reifer, und es ist ein entsetzliches Gefühl, denn jetzt fällt sie als Pflaume vom Baum direkt auf die Couch des Analytikers und erwacht. Fertig. Das ist wie ein Bild, in dem einfach eine Bewegung drin liegt.

Ein anderer Traum: Man sieht nur ein Bild. Ein Patient sieht einen Berg, und dieser Berg erinnert ihn an einen Berg aus der Kindheit und nun entwickelt sich eine Wolke über dem Berg und ein Blitz und sonst nichts. Das sind typische Träume, sie sind wie Bilder, sie stehen einfach so da.

Aber was geschieht in unserem Traum?

Wir haben nicht nur ein *scenario*, mit einem ganzen Ablauf von Dingen, sondern innerhalb dieses *scenarios*, das könnte auch bei einem narzißtischen Traum vorkommen, haben wir außerordentlich deutliche Reflexionen des Träumers. Wenn wir das zusammenbringen mit einer heftigen Angstreaktion, so dürfen wir sagen: Wo Ängste so stark angesprochen werden und solche strukturellen Gesichtspunkte mit Reflexionen vorkommen, das ist eigentlich eine Tendenz, die bei einer nicht strukturierten Ichbildung verfallen müßte. Ich würde also eine Gegenposition in den Ichfunktionen dieses Patienten annehmen, gerade weil heftige Ängste, die unfaßbar bleiben, auftreten.

Zunächst spielt der Traum in einer Wohnung mit bestimmten architektonischen Strukturen, die da genauer abgegrenzt werden, wo der Unterschied hervorgehoben wird: In meiner neuen Wohnung ist es so, hier ist es anders. Dann diese Aussage, ich erwache an meiner Angst, aber noch im Traum. Das alles sind Beherrschungsversuche, die auf eine – jetzt frage ich Sie – gute Ichfunktion oder eine defiziente Ichfunktion schließen lassen? Die kognitiven Funktionen, die Kontrollfunktionen des Ich, die Reflexionen, das abstrakte Denken, der Einbau bestimmter Erfahrungen im Leben für neue Situationen, sind sie vorhanden oder sind sie nicht vorhanden?

X.: Ja, sie sind vorhanden.

Mo.: Sie sind in einem Ausmaß vorhanden, daß ich einfach geradezu ausschließen möchte, daß es sich hier um eine ganz schwer gestörte Persönlichkeit handelt. Ich bin schon dabei, einfach zu postulieren, es handelt sich um eine Psychoneurose. Die Ängste dürften durch Libidobesetzungen bedingt sein und nicht durch Defizienzerscheinungen in der gesamten Ichentwicklung. Da handelt es sich um eine wohl strukturierte Persönlichkeit, sie mag neurotische Entwicklungen haben wie sie will, das können wir vielleicht nicht so gut sehen, aber zunächst würde ich mich jetzt hervorwagen und sagen: Nein, das ist keine Präpsychose, das ist ein relativ gesundes Ich, und es sind Entwicklungen in den Libidobesetzungen, es gibt in der Libidoorganisation bestimmte Regressionen mit Ängsten, die mit den ödipalen – was weiß ich – welchen regressiven Reaktivierungen zusammenhängen und die in der Entwicklung dieser Übertragung nun reaktiviert werden.

Gibt dieser Traum für uns auch ein Indiz, eine Auskunft über den Übertragungscharakter, der sich jetzt entwikkelt? Nun will ich Sie daran erinnern, daß ich gestern abend, da waren Sie alle schon weg, von dem Traumreferenten erfahren habe, leider, aber bitte, er hat es eben gesagt: Dieser Patient träumt sehr selten. Er hatte heute vor vierzehn Tagen und zuvor nochmals vor vierzehn Tagen je einen Traum gehabt, und das ist der dritte. Vorher hat er sehr wenig geträumt. Was meinen Sie, was können wir über die Übertragungsentwicklung bei diesem Patienten sagen? Besteht eine Übertragung oder besteht keine? Es besteht eine. Wie ist sie? Ist sie stark, ist sie schwach, ist sie ambivalent, was ist sie?

X.: Sie ist stark.

Mo.: Eine ganz intensive Übertragung hat sich herausgebildet und wie ist die? Sie wissen, es gibt – ich meine auch wieder ganz grob – eine negative Entwicklung der Übertragung, Aggressionen, heftige Widerstände, und es gibt die andere Übertragung im Sinne einer positiven Entwicklung.

Y.: Sie ist positiv.

Mo.: Eine positive! Können Sie das belegen, beweisen?

Z.: Durch die Dynamik der Träume. Vor vierzehn Tagen einmal und dann noch einmal.

Mo.: Jetzt lassen wir dieses Detail, das wir leider bekommen haben, ich habs Ihnen einfach gegeben, damit wir in der gleichen Situation sind. Jetzt aus diesem Traum können wir eine Richtung sehen, die uns darauf hinweist, daß der Kollege recht hat, wenn er sagt: Da ist eine intensive positive Übertragung im Zuge.

X.: Er schenkt ihm ja rechtzeitig zum Besuch von Herrn Morgenthaler einen herrlichen Traum.

Mo.: Das ist wieder wunderbar! Aber wenn Sie das erwartet haben. Verstehen Sie, das ist sehr nett, das so zu sagen. Jetzt wollen wir uns einmal an den Traum selbst halten.

Y.: Er ruft nach Hilfe.

Mo.: Das sind schon Inhalte. Sie haben sicher recht, aber lassen wir zunächst die Inhalte. Da möchte ich sagen: Sehen Sie, ein Prinzip der Trauminterpretationstechnik ist ... gleich werde ich es mit dem Inhalt des Traumes vergleichen, aber es ist ein Bild, das ich seit Jahren immer verwende in allen diesen Traumseminaren. Wenn wir an einem Traum herangehen, so ist es fast so, als hätten wir einen beladenen Möbelwagen auf der Straße stehen, und suchten eine Wohnung, in die wir diese Möbel hineinstellen können. Ich sage, es ist gut, wenn man die Wohnung hat, wo man die Möbel auslädt. Die Möbel im Möbelwagen sind die Inhalte des Traumes. Die Wohnung, das ist die Tendenz, die in der Dynamik dieses Traumes zunächst aufgefunden werden muß. Wir müssen zunächst wissen, in welche Richtung diese Bedürfnisse gehen, die wir als den unbewußten Wunsch bezeichnen. Die Tendenzen in diesem Traum müssen zuerst klargestellt werden, bevor wir die Inhalte dann hineinlegen können. Folglich werden wir uns zunächst nicht an die Inhalte klammern, Sie verstehen, das Rufen um Hilfe gehört schon zu den Inhalten. Jetzt möchte ich noch einmal fragen: Wo gibt es Anhaltspunkte in dem Traum, die die Ansicht stützen, die wir langsam entwickeln, es handle sich hier um eine heftige, in Richtung der positiven Übertragung sich zunehmend steigernde Bewegung?

X.: Der Hund und das Licht.

Mo.: Sehen sie, wollen Sie es noch genauer sagen?

Y.: Ich glaube, Sie meinen das mit der Reihenfolge, denn diese ist ja auch im Traum so, daß zunächst der Versuch gemacht wird, Leben oder Licht hineinzubringen und das geht nicht, es geht überhaupt nicht. Aber der Hund wird schon zugelassen. Der ist vertraut, aber muß wieder weg.

Mo.: Der Hund, was macht der Hund?

Y.: Springt hoch.

Mo.: Springt hoch. Was ist denn schon der Hund, der hochspringt? Sieht seinen Herrn und springt an ihm hoch.

Z.: Das ist der Phallus.

Mo.: Na ja, das ist die phallische Bewegung der Freude, ihn zu sehen. Es ist mir vertraut, aber es ist mir unheimlich, was da geschieht, nicht wahr? Und dann: Oh Schreck, das ist zuviel, das ist zuviel. Nein, nein, und dann erwache ich, um diese Chimäre wegzutun.

Wir sehen von vorne bis hinten Beherrschungsversuche. Zuerst das Erwachen im Traum: ein Beherrschungsversuch. Er möchte seine ungeheuer starken phallischen Strebungen der Objektliebe exhibitionistisch vor dem Analytiker zeigen. Licht machen, aber das Licht geht nicht an. Man sieht die Verdrängungsschranke, die bis in den Traum hineinreicht. Jetzt, wo er schläft und träumt, kommt die Zensur und baut diesen Triebwunsch um, und baut in die Zensur jene Teile, von denen der Kollege meint, sie seien unbelebt, es käme kein Mensch vor. Architektur, leere Zimmer, nicht möbliert, die Möbel stehen noch herum. Statt beweglichen Türen, feste Türen. Licht geht nicht an, Unheimliches ist da. Erwachen im Traum, als Einschachtelungsphänomen, ist Ausdruck all jener Ichfunktionen, die im Wacherleben in seiner Charakterhaltung, in seiner Art sich aufzuführen und sich zu zeigen, gefaßt sind, durch die Kontrollfunktionen des Ich, durch die Verdrängungsschranke seiner Ichimpulse, die in der Übertragung manifest geworden sind.

Soweit sind Sie noch einverstanden. Jetzt haben wir schon eine Tendenz und sagen: Ja also diese Verliebtheit, oder dieser starke Zuwachs der Übertragung zeigt nun die Konfliktneigung. In welcher Richtung, wo sind nun die Konflikte? Bisher haben wir den Triebimpuls in der Tendenz gezeigt und einfach gesagt, daß Ichfunktionen, also Abwehrfunktionen, die Abwehrorganisation sich dagegen richtet. Aber wo ist der Konflikt? Wir müssen ja, da wir annehmen, es handle sich um eine objektale Libidobesetzung, den Konfliktcharakter ganz hervorheben. Sie wissen, den Konfliktcharakter könnten wir nicht hervorheben, würde es sich um eine narzißtische Neurose handeln, da ja Konflikte im eigentlichen Sinne überhaupt erst beginnen können, wenn Selbst und Objekt im Individuationsprozeß schön getrennt sind. Davor sprechen wir nicht von Konflikt. Konflikt setzt voraus, daß die Objektbesetzungen sich von den Besetzungen des Selbst ablösen. Das hat Anna Freud sehr schön dargestellt, ab wann wir von Konflikt überhaupt erst reden sollen. Konfliktproblematik setzt auch eine funktionstüchtige Abwehrorganisation voraus. Die Abwehr sehen wir an all diesen Manifestationen, die wir vorhin genannt haben, und den Triebimpuls sehen wir auch sehr stark. Nun frage ich Sie, wo ist denn der Konflikt? Wie können wir an den Konflikt herantreten. Was haben Sie denn da für eine Phantasie, für Vorstellungen, für Einfälle.

X.: Das Überich gestattet diese Triebtendenzen nicht.

Mo.: Das Überich gestattet diese Triebtendenzen nicht. Wo sehen Sie das Überich oder die Überichfunktionen. Natürlich in der Mobilisierung all dieser Abwehren. Das gefällt mir sehr, was Sie sagen, aber könnten Sie das nicht noch ein bißchen dynamisch formulieren. Was heißt, das Überich gestattet das nicht.

Y.: Ist die Angst nicht auch Ausdruck für das Überich?

Mo.: Nein, die Angst ist ein Ichsignal, in jedem Fall. Angst ist ein Signal des Ich. Was bedeutet Angst?

Z.: Es darf kein Licht werden, es darf nicht hell werden.

Mo.: Die Exhibition darf nicht raus. Weiter... warum nicht?

X.: Ja, weil sie ja doch offensichtlich den Analytiker meint.

Mo.: Der Patient meint den Analytiker. Er will sich dem Analytiker nicht zeigen. Warum? Gut, das ist die Beschreibung des Resultats der Konfliktverdrängung. Aber wo liegt der Konflikt? Sie müssen jetzt einfach ein bißchen weitergehen. Ich weiß es auch nicht. Ich bin sehr einverstanden. Das Überich, nicht wahr, sie sehen das. Sie sagen, die exhibitionistische Tendenz verfällt ja doch der Verdrängung. Wo ist der Konflikt?

X.: Es sind zwei Korridore mit vielen Türen.

Mo.: Sehr schön. Es ist wunderschön, wie Sie mitarbeiten. Völlig absurder Einfall, nicht. Jetzt sprechen wir doch schon lange von Exhibition, Überich. Jetzt kommt er und sagt: Es sind zwei Korridore mit verschiedenen Türen. Wollen Sie bitte noch ein bißchen weiter so phantasieren.

Y.: Sind das eventuell, ja wenn Sie so wollen, sind das zwei, sagen wir einmal zwei weibliche Symbole?

Mo.: Da sind Sie also ganz dick in den Inhalten. Noch haben wir die Wohnung nicht richtig gefunden. Wir wissen, es ist eine Wohnung, nur wissen wir die Straße und die Nummer nicht und Sie wollen schon die Bilder aufhängen, und die Deckelchen auf den Flügel legen und so.

Z.: Es sind zwei Alternativen überhaupt.

Mo.: Es sind zwei Alternativen. Zwei. Jetzt kommen wir auf die formalen Aspekte. Es sind doch ganz offensichtlich formale Aspekte, die diesen Traum strukturieren. Es sind formale Gegebenheiten, in die diese Angst hineinsteht. Zwei Alternativen. Wollen Sie sie nennen.

X.: Er kann sich entweder exhibitionieren und sozusagen auf der einen Seite herausgehen, in einen Flur treten, er kann aber auch in den anderen gehen. Er kann Licht machen, er kann versuchen, hell zu machen, er kann es dunkel lassen. Er steht vor der Möglichkeit oder vor der Frage, das ist wahrscheinlich die Hauptfrage: Wenn ich mich exhibitioniere, wie reagiert das Objekt, das heißt, wie reagiert der Analytiker.

Mo.: Gut, das sind die zwei Alternativen. Sie legen die Alternativen bereits in den Patienten, den wir nicht kennen. Hier amplifizieren Sie die These der zwei Alternativen, amplifizieren, erweitern sie in einer, darf ich sagen, anekdotischen Form, wie Sie sich die Reaktionen des Patienten so denken. Ich gebe Ihnen zu, daß das sehr empathetisch und richtig sein mag, aber ich bin wie die Marktfrau, die Kartoffeln hier und die Tomaten hier verkauft, und wenn sie was gibt, dann will sie das Geld. Und sage: die zwei Korridore, das sind doch zwei Korridore, das sind ja zwei Alternativen. Jetzt bin ich völlig stupid und stur und völlig rigide und sage, wo sind die zwei Alternativen im Traum? Na, das springt einem ins Gesicht. Es ist wunderschön. Nun es gibt die Alternative, beide sind drin. Man kann …«

X.: Sie sind weiblich und männlich.

Mo.: Sie sind weiblich und männlich, Sie stellen jetzt schon die Plastiken hier in den Glasschrank. Dabei wissen wir die Nummer der Wohnung noch nicht. Wir haben den Eindruck, in der Straße sind wir schon mit unserem Möbelwagen, da haben wir schon das Haus, aber welcher Stock und wo, das wissen wir noch nicht. Jetzt die zwei Alternativen, die zwei Korridore, zwei Alternativen zwei Möglichkeiten, zwei Korridore, zwei Alternativen. Bitte, was für Alternativen liegen in diesem Traum in einer geradezu phantastischen Darstellung. Selten schöne klare Darstellung im Traum. Man kann entweder im Traum erwachen mit Angst oder man kann richtig erwachen. Ist das eine Alternative oder nicht? Das ist der dynamische Gesichtspunkt.

Schauen Sie, es gibt mir Gelegenheit, das meiner Meinung nach wichtigste Konzept der Theorie der Technik der Trauminterpretation zu formulieren in Form einer abstrakten konzeptuellen Fassung. Wenn wir an den Traum herangehen, so haben wir zunächst die formalen Aspekte, die aus dem Traum sichtbar werden, auf die Dynamik der Tendenz umzuformen, die in diesem Traum enthalten sein muß. Es kommen zwei Korridore vor und drei Zimmer. Folglich sind zwei Alternativen mit drei Ausformungsmöglichkeiten vorhanden. Wir haben diese formalen Aspekte als Grundlage der Dynamik, in welcher Richtung das Traumgeschehen vorwärtsgeht, zu untersuchen. Und die Schwierigkeit liegt darin, uns zunächst vollständig von den Inhalten loszulösen. Wir machen das auf verschiedenen Niveaus und sagen: Es ist die Alternative der zwei Korridore, die die Erstarrung der Tendenz zeigt, die wir überall sehen. Das Erstarrungsmoment, welches durch die Abwehr der Ichfunktionen die Überichtendenzen sichtbar werden läßt, was den Kollegen damals veranlaßte zu sagen, es sei alles leblos, starr. Das ist der Niederschlag einer ungeheuren dynamischen Bewegung.

Ich erinnere Sie an Freuds Patienten, den Traum des Russen, den Wolfstraum, Sie kennen das alles. Der kleine sechsjährige Knabe schaut zum Fenster hinaus, sieht sieben Wölfe auf einem Baum sitzen, völlig regungslos, und sie haben alle die Schwänze von Schafen. Nichts bewegt sich, alles ist ruhig und nur an einer Stelle bewegt sich etwas. Das Fenster öffnet sich ganz, ganz sachte und der sechsjährige Bub erwacht mit einer entsetzlichen Angst, die noch nach fünfzehn Jahren, als der Russe Freud den Traum erzählte, so heftig war, als hätte er den Traum gerade am Tag vorher gehabt. Das veranlaßt Freud, anhand dieses Traumes, zu sagen: Diese völlige Ruhe im manifesten Traumbild stellt die ungeheure Vehemenz der innerpsychischen Bewegung dar. Und dem Traum mißlingt es, in seiner Traumarbeit alles in völlige Ruhe zu verlegen, bis der Traum überhaupt der Vergessenheit anheimfallen würde. Er mißlingt in seiner Tendenz der Zensur, an dem langsam sich öffnenden Fenster.

Das können wir bei diesem Patienten sagen. Die Tendenz, die heftige Bewegung zu zensurieren, sehen wir an der architektonischen Einfassung dieser Wohnung, aber schon in dem Unklaren, das wir alle mitmachen, sehen wir: die Klarstellung mißlingt. Es ist etwas unklar, so daß wir alle nicht wissen, wie das ist. Aber zwei Korridore sind da. Er könnte ja auch von der Wohnung sprechen seiner Freundin oder seiner Eltern oder was immer. Aber nein, seine Zukunftswohnung tritt auf. Das, was er erwartet in der Beziehung, spielt hier eine Rolle. Das, was vor ihm liegt, nicht was früher war. Er könnte auch geträumt haben von einer Wohnung oder von dem Schulzimmer seiner Kindheit, und in diesem Erwartungsmoment wird das plötzlich unklar. In diesem Phänomen der Unklarheit kommt die Triebintensität zum Vorschein. Die wird aber wieder gestrafft mit der Klarstellung der zwei Korridore und der drei Zimmer, wo die Türen fest sind und nicht beweglich. Da gelingt wieder die Traumzensur.

Stellen Sie sich doch vor, die Traumbildung sei ein Theater. Der Träumer sitzt im Publikum und schaut auf die Bühne. Was auf der Bühne vorgeführt wird, ist der manifeste Trauminhalt. Hinter der Bühne sind die Kulissen und die Requisitenschränke der ganzen Erfahrung des vergangenen Lebens. Und die Zensoren sind die Regisseure an diesen Kisten und Kasten der Requisiten, wo man alle Erinnerungen und Erfahrungen herausziehen kann als Verkleidungsgegenstände. Nun, in diesem Theater, wo, sagen wir, der Sommernachtstraum aufgeführt wird, treten aus dem hinteren Artisteneingang von der Straße her, Betrunkene, Räuber und alle möglichen Leute auf. Die dringen ständig durch den hinteren Eingang ein und drängen auf die Bühne. Aber die Zensoren sind wie Kafkas Gehilfen und nehmen aus allen Requisiten Dinge und verkleiden diese Leute, die da eindringen wollen zu Figuren, die zum Sommernachtstraum passen. Je intensiver dieser *rush* ist, von hinten, von der Fremdheit, desto schneller müssen die Zensoren das tun, und wenn die sehr schnell auf die Bühne dringen, dann gelingt die Verdrängung nur zum Teil, dann bleibt plötzlich von so einem frechen Mann, der da reinkommt, ein großer Schnurrbart. Er hat die Perücke einer Prinzessin auf, aber den Schnurrbart sieht man noch. Der Zensor hat die Verkleidung schlecht gemacht, und der Träumer, der da auf die Bühne schaut, sieht dann da und dort so kleine Dinge, die nicht stimmen. Wenn er sich selbst dann auf die Bühne setzt, ist das immer ein Zeichen dafür, daß er mit seiner Person den Traumzensoren und Regisseuren sozusagen hilft, sich vor so mißlungene Gestalten zu stellen.

Jetzt wollen wir noch einmal auf die zwei Alternativen zu sprechen kommen und sagen: Wir sehen die zwei Alternativen im Traummaterial an der Möglichkeit, entweder im Traum mit Angst zu erwachen oder in Wirklichkeit mit Angst zu erwachen. Und das expandiere ich jetzt, erweitere ich vom Traum auf die Traumdarstellung in der analytischen Stunde und sage: Dieser Patient könnte ja auch den Traum nicht erzählen, oder 14 Tage warten, bis er den Traum erzählt. Ich hatte einmal eine Patientin, die hatte sechs Monate gebraucht, um ihren Hundetraum zu erzählen. Nach vierjähriger Analyse habe ich den ungeheuren Erfolg gehabt, daß sie den Traum bereits in der folgenden Stunde erzählen konnte, nachdem sie ihn geträumt hatte. Man muß das in Beziehung setzen. Es kann nicht gleichgültig sein, ob dieser Patient seinen Traum auch wirklich bringt oder nicht. Und wenn er ihn bringt, er hat ihn gebracht, sonst hätten wir ihn nicht, sagen wir, es gibt zwei Alternativen. Entweder diese Gefühle, sags mit Blumen, es im Traum zu zeigen, oder an sich selbst. Das gestattet mir folgenden fast akrobatischen Schluß. Ich hoffe, sie machen ihn mit mir. Der Traum als Ganzes, dem Analytiker vorgelegt, entspricht innerhalb des Traumes der Phase des mit Angst Erwachens im Traum, während das wirkliche Erwachen, nachdem der Hund an ihm hochgesprungen ist und er gesagt hat, er ist mir vertraut aber doch unheimlich, sich auf jene Erwartung richtet, wo diese Gefühle der Zuwendung zum Analytiker nicht mehr in einer Traumverkettung auftauchen, sondern in seiner direkten Objektbesetzung in der Beziehung. Folglich, in meinem Bild mit dem Theater, ist der Traum, den der

Patient bringt, als Ganzes betrachtet, jene Verkleidung der Zensoren seiner Gesamtperson, die, wenn sie wegfällt, zeigt, was darunter zum Vorschein käme. Verstehen Sie mich noch?

X.: Es wird jetzt auch verständlich, warum er so selten träumt.

Mo.: Nämlich?

X.: Ja, weil er eben Angst hat, was alles zum Vorschein kommt.

Mo.: Er hat eine höllische Angst, was zum Vorschein kommt. Er hatte bisher nie den Mut gehabt zu träumen. Die via regia zum Unbewußten hatte sich also in eine Abwehr, die im Charakter und in seinen Haltungen inkrustiert war, dem Analytiker gegenübergestellt, und seine Liebesgefühle und seine Libidobesetzung sind immer gegen die Charakterpanzerung gestoßen. Und vorne kamen Dinge zum Vorschein, über die konnte er reden. Und jetzt ist unter dem Druck der Übertragung, der Charakterpanzer der Charakterneurose eines phallisch exhibitorisch fixierten jungen Mannes – jetzt sage ich jungen Mannes – daran, durchzubrechen. Und er hat den Mut, es im Traum zu zeigen, also nicht mehr nur die Photographie seiner Selbst auf die Bühne zu stellen. Jetzt kommt er schon selbst, zwar verkleidet noch, mit der Traumzensur dargestellt, durch den Traum, den er bringt. Er bringt den Traum und nicht sich selbst. Aber gerade hinter dem Traum sieht man schon hindurchschimmern, was er denn wirklich ist. Der Eindringling von der Straße, der auf die Bühne kommt und das ganze schöne Schauspiel durchbricht, das sind die Triebregungen für die Beziehung zu seinem geliebten Analytiker. Also: ist diese Analyse in einem guten Verlauf oder ist das eine völlig mißglückte Analyse? Sagen Sie es.

X.: Sie ist gut.

Mo.: Eine wunderschöne analytische Arbeit, eine Übertragung, die ihre Expansion bekommt, und doch sind ungeheure Ängste damit verbunden. Also der ganze Traum ist gleichsam das Erwachen im Traum mit Angst. Er spricht: Ich kann erwachen im Traum mit Angst und träume weiter. Ich bleibe noch weiter der, der eben alles in dieser Sphäre behält, aber schon zeige ich das Erwachen. Das erklärt uns nun das Schachtelphänomen, innerhalb dessen er ist. Und was bedeutet diese Form der Darstellung der Verschachtelung, das Prinzip der russischen Puppe? Worauf bezieht sich denn das? Ist das auch phallisch exhibitorisch oder wohin gehört denn das? Wo würden Sie das hinplazieren? Ich habe hier etwas, dann tue ich das da hinein, und dann tue ich das noch da hinein, dann tue ich noch dieses da hinein, und dann tue ich das noch da hinein, und das Ganze tue ich noch in eine Kiste, die Kiste noch in einen Schrank und den ganzen Schrank noch... Was ist das Einschachteln?

X.: Sicherung.

Mo.: Sicherung, Sicherung. Weiter.

X.: Zensur.

Mo.: Zensur, das ist die Tendenz, das wäre schön. Aber wieso ist die Zensur so? Verstehen Sie, die Zensoren haben ja massenhaft Möglichkeiten. Wir könnten zum Beispiel nicht zensurieren. Die einfachste Zensurierung ist: Ich habe das hier, das aber stimmt ja gar nicht. Es existiert nicht, das ist die krasse Verleugnung. Ich kann sagen: Ich kann zensurieren. Sehen Sie das hier? Aber es ist gar nicht das, es ist ja etwas anderes. Das ist eine Verschiebung. Ich kann sagen: Hier, Sie meinen doch das. Es stimmt nicht, es ist ja dieses. Ich kann ja gar nichts hineintun, wie Sie meinen, sondern ich kann ja nur etwas draufstellen. Das ist die Umkehrung. Nicht? Der Zensor hat massenhaft Möglichkeiten vorzugehen. Eine der raffiniertesten, die aber hier, glaube ich, nicht zustandekommt, das gibt mir die Möglichkeit, das zu sagen: Was uns in der Trauminterpretation die allergrößten Schwierigkeiten macht, ist die Zensur durch die Dezentralisation. Kennen Sie das? Das sind jene Tendenzen, wo Dezentralisationen auftreten. Das ist das Abgleiten in eine andere Aufmerksamkeitsrichtung, was Freud als die elliptische Auslassung bezeichnet hat. Das ist einfach eine besonders gut geglückte Form der Zensur, und dann gibt es die allerrätselhafteste Form, das ist die symbolische Verkleidung. Die Symbole, das ist das, was wir überhaupt zu allerletzt erst verstehen können und nie am Anfang. Sie haben von der Zensur gesprochen. Wir haben eine Verschachtelungsgeschichte. Was ist denn das für eine Form der Zensur. Sie arbeitet mit der Zuhilfenahme welcher Erfahrungen: aus dem Leben, aus dem Triebleben? Was sind denn das für Dinge. Na bitte?

X.: Ich würde sagen: anale, ich weiß nicht.

Mo.: Sehen Sie, das Anale, das Zwanghafte, dann gibt es noch das, und dann das und dann diese Geschichte. Einschachtelungen sind gewöhnlich, ich meine, es ist frech, wenn ich das sage. Das sind Abwehrformen, die offenbar nicht wie beim Licht auf phallische exhibitorische Dinge gehen, sondern auf zwanghafte genaue Beobachtungen, Abgrenzungen, das heißt, Trennungen von Affekten und ihren Inhalten. Das ist doch zwanghaft. Anal heißt Trennung: die entsprechende Vorstellungsrepräsentation von den zugehörigen Affekten getrennt. Einschachtelung heißt: Wir trennen etwas von etwas anderem. Das ist ja hier sichtbar. Wir erwachen im Traum, das ist wie eine Abstraktion. Das hohe Abstraktionsdenken.

Dann das Weitere: Symmetrien, zwei Korridore. Das Architektonische. Schade, daß nicht noch viele Pflanzen drin vorkommen. Alles ist voll Pflanzen. Das gehört auch hinein. Das sind einfach Erfahrungen, die wir haben. Aus vielem Traummaterial kommt es schließlich zu Erfahrungen. Diese Erfahrungen müssen nicht stimmen, sie geben uns Ansätze, um eventuell aus dem Assoziationsmaterial des Patienten etwas Weiteres zu verstehen. Dann das Erwachen im Traum, aber ich träume weiter, das ist eine Absetzbewegung, mit einem Inhalt. Ich erwache jetzt, aber ich träume weiter. Das Erwachen, das dann wirklich eintritt am Schluß, das ist schon vorweggenommen, ich habe es ja schon gewußt. Das ist, wie wenn ich herausgehe, auf die Straße. Da schaue ich zuerst zum Fenster hinaus. Ach, ich sehe, es regnet. Da nehme ich den Regenschirm. Dann, wenn ich herausgehe, werde ich nicht naß. Beachte ich nicht, was kommt, werde ich ja ganz naß und erschrecke. Also dieses Vorweg, im vorhinein experimentiere ich etwas. Ich erwache nur mal probeweise im Traum und schaue wie das weitergeht. Ja dann, wenn ich dann wirklich aus dem Traum erwache, dann ist es ja gar nicht so schlimm. Was ist das für eine Tendenz? Ich versuche jetzt in dieser nächsten Stunde meinem Analytiker einmal probeweise diesen Traum zu zeigen. Vielleicht kann ich dann an diesem Traum sehen, wie er reagiert, und es ist dann vielleicht nicht so schlimm, wenn ich mich dann ganz zeige. Nun also, wo liegt der Konflikt?

X.: Die Angst vor der Zurückweisung der Exhibition?

Mo.: Ich sehe, wir sind in der Zeit etwas weit fortgeschritten. Jetzt muß ich, glaube ich, ein bißchen straffen.

Für mich ist das Wichtigste zunächst, daß hier eine heftige positive Zuwendung von Triebenergien provoziert wird, die droht, ihrer Intensität wegen, erneut der Verdrängung zu verfallen. Der dadurch entstehende Konflikt baut auf den enormen Ansprüchen der Triebregungen in der Phantasie auf, die, wie Sie sehr richtig sagen, ich formuliere es ein bißchen anders, sich mit der Erfahrung verbindet, bei einer solchen überschießenden Zuwendung der Zurückweisung anheimzufallen.

Was ist denn hier die Angst, was hier zurückgewiesen werden müßte? Das ist nun schon etwas heikel, nicht wahr, und jetzt kommen wir wirklich auf das Gebiet der Spekulation. Nun sehen wir aber beinahe das Phallisch-Exhibitorische, denn jetzt sind wir bei den Inhalten. In den Inhalten erscheinen: das Licht, der Hund. Zuerst das Erwachen im Traum: das sind ja die drei Episoden, die in den formalen Aspekten durch die drei Zimmer dargestellt sind. Im ersten Zimmer Erwachen im Traum, im zweiten Licht andrehen, im dritten der Hund und dann das Aufwachen. Das ist eingeschlossen durch die zwei Korridore, durch die zwei Alternativen. Einmal das Zeigenkönnen, oder nur in der Maske des Traumes. Und innerhalb dieser Entwicklung des psychischen Erlebens sehen wir zuerst die Angst, dann das Licht und dann das animierte Objekt. Nun, nach der Zwiebelschalengeschichte Freuds liegt ja das, was sich zuletzt entwickelt hat, zu äußerst, und wenn man die Zwiebel auseinanderblättert, kommt das, was früher war, zuletzt. Das gestattet uns zu sagen: Zuerst ist die Angst, das ist das Allerletzte. Dann kam das Bestreben, an den unbelebten Objekten die Exhibition zu zeigen, und das Früheste war, sich dem belebten Objekt zuzuwenden. Die Entwicklung des psychischen Konflikts bei diesem Patienten in seiner Neurose war der Wunsch, sich mit Intensität dem Menschen, dem Hund, dem Phallischen, dem Triebhaften zuzuwenden. Das wurde im Verlauf der Entwicklung frustriert. Dann hat er es mit den

Objekten gemacht, und dann hat er auch das weggelassen, eine Charakterneurose aufgebaut und nur noch die Angst vermieden.

Dieser Rückschritt von der Zuwendung zum lebendigen Menschen, als Kind, erfolgte offensichtlich in der phallischen Phase, mit der Zurückweisung auf eine anale Position. Schließlich ist auch die mißlungen, und er steht unter der dauernden Angstbereitschaft, und sein ganzes weiteres Leben hat sich ausstrukturiert, um Angst zu vermeiden. Was vermuten Sie, wo liegt der Konflikt? Jetzt können Sie mit dem Ödipus kommen, jetzt können Sie mit den Details kommen, jetzt wollen wir einmal versuchen, die Inhalte des Traumes ganz freizügig zu lokalisieren. Gehen Sie los. Wo wollen wir uns denn orientieren? Sagen wir einmal, diese Angst ist Kastrationsangst. Sind das ganz frühe Dinge mit der Mutter?

Warum nicht?

X.: Wenn es ödipal ist, so viel objektale Beziehungen da sind, dann kann es eigentlich nicht die prägenitale Mutter sein.

Mo.: Wir würden das sicher objektal orientieren. Also sind doch wahrscheinlich diese Liebeswünsche an den Analytiker in der Übertragung was für Wünsche?

X.: Homoerotische.

Mo.: Ach, Sie sind ja auch wunderbar. Sie meinen, homoerotische seien das. Wie kommen Sie denn überhaupt zu so was?

Z.: Weil er ein Mann ist.

Mo.: Weil er ein Mann ist. Sehen Sie, so sollen Sie jetzt reden. Wieso meinen Sie, homosexuelle Sachen seien da?

X.: Ich glaube, das Hochspringen des Hundes.

Mo.: Der Hund, der da hochspringt. Das ist dieses Tier, nicht wahr, bei dem man den Penis einfach ständig sieht, und er ist auch relativ groß, und die Hunde lecken immer dran, und die treiben es ständig. Diese Hunde da, und er springt da an einem so hoch. Und das ist schon so erektiv, und er springt an einem Mann hoch, und sie sind schon bei der Homosexualität.

Das ist doch schon ein bißchen viel. Und: ›méfiez-vous de votre première impression, elle est toujours la juste‹, heißt es. Oder: ›Je ne cherche pas, je trouve‹, sagt Picasso. Ich suche nicht, ich finde. Das sind eben diese Dinge, unsere Assoziationen, nach all dem denken wir an eine homosexuelle Neigung. Wie kommt es da zu einer homosexuellen Neigung? Was liegt denn hinter dieser homosexuellen Neigung?

X.: Anfangs die Abwehr.

Y.: Kastrationsangst.

Mo.: Die Angst vor der Kastration, die Abwehr des Inzestes. Der Inzestwunsch wurde offenbar in dieser Staffelung, die ich gemacht habe, in dem Bild mit den Zwiebelschalen. Der Inzestwunsch war das Erste. Er richtet sich an die Mutter. Dann mußte der Patient anal regredieren vor der Kastrationsangst. Jetzt zeigte er sich nicht mehr selbst, sondern zeigte das Objekt, und das ist einfach. Was ist das Erbe der phallisch-narzißtischen Phase in der analen Regression? Nun, der anale Penis ist das, was gezeigt wird mit einem Objekt. Den Phallus, den man zeigte, in der phallischen Phase, das ist das Phallisch-Exhibitorische. Im analen Bereich wird das zu dem Objekt. Es wird devitalisiert. Jetzt zeigt man der Mutter nur noch das, und dann kommt die Angst. Na, jetzt sind wir im prägenitalen Bereich. Was ist denn die Mutter im analen Bereich? Wenn das phallisch-exhibitorische Tendenzen sind, die unter dem Druck der Kastrationsangst im analen Erlebnisbereich wieder auftauchen. Wo das

Kastrationsmoment eine Rolle spielt. Jetzt hat man nicht selbst den Phallus, sondern . . . «

X.: Jetzt hat ihn die Mutter.

Mo.: So, sehr schön. Das ist doch die phallische Mutter, und die phallische Mutter ist es, wenn man da mit den analen Sachen kommt, die das Bedrohliche sind, das dann später der Vater wird, der als Rivale auftaucht. Also die Regression aus dem Rivalitätskonflikt. Regressiv auf den analen Bereich bezogen wird der kastrierende Vater zur phallischen Mutter, vor der man Angst hat. Und diese phallische Mutter ist nichts anderes als der homosexuelle Partner. Das ist die Transformierung in diesem Übertragungsbezug, der in der Analyse reaktiviert wird, und so kommen wir also nun am Schluß dazu, daß wir den Konflikt hier genau formulieren können. Die anale Regression vor der phallisch exhibitorischen Auseinandersetzung mit der Umgebung, mit den großen Figuren der Kindheit, beruht offensichtlich auf der Vermeidung welchen Konfliktes? Auf die Vermeidung des . . . «

X.: ödipalen Rivalitätskonfliktes.

Mo.: Des ödipalen Rivalitätskonfliktes mit dem Vater, mit anderen Worten: Es ist eine Rivalitätsproblematik mit dem Analytiker in der jetzigen Phase der Übertragungsentwicklung anzunehmen. Dieser Rivalitätskonflikt würde dann hervortreten, wenn das Licht anginge und wenn man im Traum nicht erwachen und weiterträumen würde. Wenn man nicht geträumt hätte, wenn man den Traum nicht hätte, mit dem man den Rivalitätskonflikt vermeiden kann.

Ich bringe hier den Traum. Schaut, hier ist der Traum, und ihr könnt ihn am Seminar und ich weiß nicht wo herzeigen. Ich, mein Name ist Hase, und ich weiß von nichts. Sagt der Patient. Er hat eine passive Unterwerfungsgeste.

Immer wieder hat er passive Züge der Unterwerfung und kann doch zuerst phallisch, frech, aggressiv, rivalisierend sein. Das macht er mit dem Traum. Er bringt den Traum und sagt: hier, aber wenn dann das Objekt sagt: Was bringst du da? Ich habe nichts gesagt, Träume sind Schäume. Es ist nichts. Er zieht sich zurück. Das Schicksal der Verdrängung des ödipalen Rivalitätskonfliktes hatte die Züge der passiven Unterwerfung. Können wir das beweisen, am Traum? Am manifesten Traum? Das phallische Ordnen und Strukturieren, das dann die Bedeutung der Unterwerfungsgeste ausmacht?

Y.: Er schläft.

Mo.: Er schläft, sehr schön. Er schläft und erwacht sozusagen nur im Traum. Schlafend, sehen Sie, es ist schön, daß Sie das gesagt haben, schlafend, sehen Sie, kann ich mal aufwachen. Aber ich schlafe ja weiter. Das ist meine Duckhaltung, die mich so unglücklich macht. Weiter.

X.: Die Wohnung ist nicht eingerichtet, und statt der sich öffnenden Flügeltüren habe ich eine Wohnung, die sehr eingeengt ist.

Mo.: Schön. Ich habe zwar eine neue Wohnung. Das möchte ich, daß ich das öffne, aber es ist alles zu und, nicht wahr, eingerichtet sollen die Dinge bei mir sein, aber es ist nicht eingerichtet. Wissen Sie, ich bin halt ein bißchen hilflos. Und wenn ich Licht anmache, bei mir brennt ja das Licht nicht. Ja der Hund, es ist etwas Unheimliches, das so anspringt.

Jetzt gehen wir noch weiter in unserer Spekulation. Die Spekulation haben wir soweit getrieben, daß wir nun annehmen, daß die Charakterdeformation, die dieser Patient in seiner Entwicklung vorgenommen hat, eine passiv unterwürfige Reaktionsbildungshaltung ist, die sich in erster Linie gegen eine Rivalitätskonfliktualisierung der

Beziehung zum Mann entwickeln wollte, die aber unter der Zensur homosexueller Triebwünsche stünde. Er möchte dann seine überbordende Triebhaftigkeit direkt sexuell ausleben, viel zu intensiv, das heißt: Wenn ich dich liebe, greife ich dir schon an den Penis.

Wir sagen: Die Intensität der Liebeswünsche sei überbordend, deshalb verfallen sie der Verdrängung. Was soviel heiße wie: Wenn ich dich liebe, greife ich dir sofort an den Penis, umarme dich, will sofort mit dir die Liebesnacht erleben, gleichzeitig aber, wenn du mich lieben würdest, würdest du mich doch als homosexuelles Objekt begehren, und da du das nicht tust, liebst du mich nicht, und ich bin dauernd enttäuscht.

Wenn er also immer mutiger und mutiger wird, seine Gefühle zu zeigen und sie dem Analytiker zuzuweisen, dann tritt die Gefahr auf, abgewiesen zu werden, weil es heißt: Was willst du von mir? Ich liebe dich ja nicht. Und diese Phantasie scheint es, die es war, die das Überborden jener Triebregung in der Anpassung an seine Umwelt verunmöglichte und die neurotische Entwicklung im Sinne einer Reaktionsbildung in einer passiv unterwürfigen, leicht zwanghaften Abwehrhaltung gegen zu intensive Beziehungen ausgeformt hat. Es ist also ziemlich spekulativ und weit geführt. Aber wir haben ein klares Bild.

Schlußbemerkung

Sie dürfen nicht erwarten, daß ein solches Traumseminar auch nur von weitem an die differenzierten Bilder, die der Analytiker von dem Patienten in sich hat, herankäme. Das kann nicht sein. Sonst wäre die Analyse, wie man da einen

Menschen kennenlernt, überflüssig. Es sind eben ein paar Leute da, die kennen den gar nicht. Wir sind schon zufrieden, wenn das, was wir entwickeln, als strukturelle Gegebenheiten und als Tendenz des psychischen Geschehens in das hineinpaßt, was der Analytiker sieht. Denn wenn wir in der Traumdeutung so vorgehen, sind das gleichsam Rohinstrumente, die wir anwenden.

Dann haben Sie vielleicht gemerkt, daß wir assoziative Verknüpfungen mit Inhalten viel leichter machen können als strukturelle Verknüpfungen. Dann haben wir aber ein Rastersystem, in dem wir die Inhalte des Materials, das der Patient uns weiterhin bringt, und was er vorher gebracht hat, viel besser einbauen können. Gerade durch die Vielfalt der Differenzierungen sehen wir dann, besonders bei einem solchen Erwartungstraum, in welche Richtung möglicherweise der analytische Prozeß weitergehen kann. Das ist das Wichtige. Deshalb ist es meiner Meinung nach so instruktiv, ein solches Traumseminar abzuhalten, weil uns das deutlich zeigt: Unser eigentlich prosaisches Instrumentar bringen wir an den Patienten heran, nicht um ihn zu versimplifizieren, sondern um mit diesen relativ einfachen prosaischen Instrumenten gerade die Vielfalt, den Reichtum, die ungeheure Differenziertheit dessen, was in dem Patienten liegt, besser respektieren zu können, besser zu verstehen, differenzierter einzubauen und unser Verständnis in Richtung einer sinnvollen Deutungsarbeit auszuformen.

Ralf Binswanger

Zur Traumtechnik Fritz Morgenthalers im Traumseminar und in der psychoanalytischen Praxis

> *Freud war genetisch interessiert. Der psychodynamische Gesichtspunkt war ihm selbstverständlich, und er glaubte, wenig Worte darüber verlieren zu müssen. Das läßt sich an vielen Stellen in Freuds Schriften zeigen. Uns heutigen Psychoanalytikern ist der genetische Gesichtspunkt selbstverständlich. Deshalb bin ich in erster Linie am dynamischen Gesichtspunkt interessiert.*
>
> Fritz Morgenthaler

Dieses Zitat von Fritz Morgenthaler kommt in seinen Publikationen nicht vor. Auch in unpublizierten Notizen und Tonbandprotokollen findet es sich in dieser Form nicht. Hingegen hat er gegenüber Analysanden, Supervisanden, Kollegen und Freunden das unzählige Male ungefähr so gesagt. Wir erkennen ihn in diesen Worten wieder. In diesem Sinn ist das Zitat authentisch. Und in diesem Sinn wollen auch die folgenden Bemerkungen authentisch sein. Zum Teil wiederholen sie Gedanken, die in den hier publizierten Manuskripten Morgenthalers enthalten sind; zum Teil gehen sie darüber hinaus.

1. *Die genetisch interessierte, »autoerotische« Traumtechnik Freuds*

Freud entdeckte zunächst eine Technik der Selbstanalyse seiner Träume: Er vergegenwärtigte sich den Inhalt des erinnerten eigenen Traumes und notierte daraufhin konsequent, indem er seine Widerstände überwand, die Assoziationen zu jedem Element des Traumes. Dadurch stieß er nicht nur zum latenten Traumgedanken vor, sondern, seinem genetischen Interesse folgend, zu den immer vorhandenen infantilen Wurzeln. Darüberhinaus war für die Psychoanalyse entscheidend, daß er die Funktion des Traumes als »Hüter des Schlafes«, seinen Wunscherfüllungscharakter und die Traumzensur, ihre Funktionsweisen (Verschiebung, Verdichtung, Verkehrung ins Gegenteil, Symbolbildung etc.), die Unterscheidung von Primär- und Sekundärvorgang und andere Prozesse auf den Begriff bringen konnte.

Freud übertrug die Technik seiner Selbstanalyse auch auf die Bearbeitung der Träume seiner Analysanden. Er forderte diese ebenfalls auf, ihre Assoziationen zu jedem Traumelement mitzuteilen. Von den meisten Psychoanalytikern wird dieses Vorgehen als richtig empfunden und entsprechend gehandhabt.

Betrachten wir diese Gegebenheiten mit Morgenthaler unter dem dynamischen Gesichtspunkt, so springt der grundlegende Unterschied zwischen der Traumdeutung in Selbstanalyse durch Freud und der Stellung von Träumen in der psychoanalytischen Situation ins Auge: Freud hatte keinen beständigen, durch ein »Setting« vorgegebenen Gesprächspartner, dem er den Traum und die Assoziationen erzählen konnte. Er kam nicht in eine im voraus vereinbarte Analysestunde zu einem Analytiker. Erinnert er den Traum, erzählt er ihn sich selbst, indem er ihn niederschreibt, teilt sich selbst in gleicher Weise die Assoziationen mit und interpretiert den Traum mit sich selbst. Dieser Vorgang ist zwangsläufig ein »autoerotischer«. Freud erinnert *zuerst* den Traum und gibt sich *dann* eine »autoerotische Traumanalysestunde«. Dabei gibt es natürlich auch schon Vorgegebenes, bevor Freud einen Traum träumte und erinnerte: die Absicht, den Traum wissenschaftlich zu erforschen, ein Buch darüber zu schreiben, aber auch Gesprächs- und Briefpartner wie Fliess und andere, denen er seine Träume erzählen oder schreiben konnte. Diese vorgegebenen Bedingungen haben die Träume Freuds und deren Interpretation zwangsläufig mitgestaltet. Entscheidend aber bleibt, daß Freud seine Träume in den sich selbst gegebenen Analysestunden bearbeitete.

Morgenthaler zeigt in seinem Manuskript »Ein Traum als Beweismittel«, daß Freud sich des Unterschieds zwischen der Selbstanalyse seiner Träume und der Bearbeitung der Träume seiner Analysanden in Analysestunden bewußt war. Er zitiert Freud: »Wie so oft bei der Traumdeutung in der Psychoanalyse, kommen für die Übersetzung des Traumes nicht allein die Ergebnisse der Assoziation in Betracht, sondern auch die Begleitumstände der Traumerzählung, das Benehmen des Träumers vor und nach der Traumanalyse sowie alles, was er ungefähr gleichzeitig mit dem Traum – in derselben Stunde der Behandlung – äußert und verrät.« (Freud, GW Bd. X, S. 16)

Nach Morgenthaler führt es nicht weiter, wenn die Freudsche Selbstanalyse-Technik einfach auf Psychoanalysestunden übertragen wird, der Analytiker den Analysanden also auffordert, zu den Elementen des Traums frei zu assoziieren, nachdem der Traum erzählt wurde. So erhält man nicht die weiterführenden Assoziationen, sondern Rationalisierungen.

2. *Das »Traumseminar« Morgenthalers als* didaktische *Praxis*

Am Anfang der Entstehungsgeschichte der besonderen Form, in der Morgenthaler seine Traumseminare durchführte, stehen die Hemmungen der Seminarteilnehmer, Träume ihrer Analysanden, die zugehörigen Analysestunden und -verläufe vorzutragen. Dies brachte ihn auf die Idee, sich nur den »nackten« Traum erzählen zu lassen, um dann den erzählenden Seminarteilnehmer zum Schweigen zu verpflichten, bis Morgenthaler unter Zuhilfenahme der Assoziationen der übrigen Seminarteilnehmer, möglichst klare und umfassende Konzepte zum Traum, zum Analysanden und zum Verlauf der Analyse entwickelt hatte. Erst dann durfte der Erzähler des Traums, meist der Analytiker des Träumenden, zu diesen Hypothesen Stellung nehmen und bestätigendes oder widerlegendes Material vorbringen.

Diese didaktische Praxis veranschaulichte besonders deutlich die Bedeutung der aus dem manifesten Trauminhalt hervorgehenden formalen und strukturellen Gesichtspunkte bei der Traumbearbeitung. Aus der didaktischen Not wurde eine didaktische Tugend: »Der Zweck des Traumseminars ist..., die Entwicklung der Interpretation und Technik am Traum in einer möglichst reinen Form vorzulegen.... Wenn wir darauf verzichten, die Assoziationen des Träumers und die gesamte Traumsituation miteinzubeziehen, dann werden die Mittel, die die psychoanalytische Methode zur Interpretation des Traumes zur Verfügung stellt, besser strukturiert, herausgehoben, wie ein Relief.« (»Traumseminar«, S. 150) Durch die Erfahrungen mit dem Traumseminar erweisen sich die Assoziationen des Träumers in ihrer Bedeutung für die Traumanalyse als nicht so vorrangig, wie überlicherweise angenommen: Zu häufig waren die Hypothesen, die ohne die Assoziationen des Träumers im Seminar entwickelt wurden, fruchtbar für die weitere Analyse mit dem Träumer. Der *didaktische* Umgang Morgenthalers mit den Träumen, wie er ihn im Traumseminar pflegte, darf aber nicht mit dem *deutenden* Umgang in der analytischen Situation verwechselt werden.

3. *Die dynamisch interessierte Praxis der Traumdiagnostik und Traumdeutung Morgenthalers im Zweipersonenfeld der analytischen Situation*

»Ich beabsichtige, einen Schritt weiterzugehen und mich nicht darauf zu beschränken, mit der Traumdeutung die Erkenntisse der Psychoanalyse zu bestätigen. Ich will vielmehr Erkenntnisse der psychoanalytischen Forschung, die unabhängig von der Traumlehre gewonnen wurden, auf Traumbildung, Traumstruktur und Traumdeutung anwenden.« (»Ein Traum als Beweismittel«, S. 20). *Die Theorie* entwickelte Morgenthaler dadurch weiter, daß er die Strukturtheorie beim Wort nahm und sie auf Freuds »Traumdeutung« anwendete. So zeigte sich für ihn, daß der latente Traumgedanke und der darin erfüllte Wunsch dem unbewußten *Ich* zuzuordnen sind und nicht etwa dem unbewußten *Es*. Aus diesem stammen nur die ungerichteten Triebregungen, die durch das Ich zu bestimmten

Tendenzen gebahnt werden. Dadurch ergibt sich als Konsequenz für die *Theorie der Traumtechnik*: Sie kann sich nicht darauf beschränken, als »Traumdeutung« die unbewußten Ich-Anteile (den Wunsch im latenten Traumgedanken) aufzudecken, sondern muß als »Traumdiagnostik« die unbewußten Tendenzen aus dem Es erkennen. Die Traumdiagnostik hat den Vorrang vor der Traumdeutung, weil nur sie die Entscheidung darüber ermöglicht, was dem Analysanden aus den Schlußfolgerungen des Analytikers mitzuteilen ist und was nicht, um den Fortgang des Prozesses zu gewährleisten. Im *Bereich der Praxis* ging Morgenthaler weiter, indem er die Konsequenzen aus der dynamischen Betrachtungsweise von Freuds Traum-Selbstanalysen zog. Er verzichtete darauf, seine Analysanden zu ihren Träumen »assoziieren zu lassen«, ja er denunzierte eine solche Praxis als neurotisches Abwehrmanöver des Analytikers. »Eine Traumerzählung in einer Analysestunde ist in erster Linie ein Geschenk des Analysanden an den Analytiker, ein Vorgang, der beiden emotional nahegeht, Verlegenheit erzeugt. Der Analytiker muß in der Lage sein, sich emotional auf dieses Geschenk einzulassen und es gleichzeitig zulassen können, daß er zunächst gar nicht versteht, was da geschieht. Fordert er den Analysanden auf, nun zu den Elementen des Traumes »frei zu assoziieren«, verhindert er seinen eigenen notwendigen emotionalen Zugang durch eine Art von Symptombildung.«

Anstelle des »Assoziierenlassens«, folgt Morgenthaler konsequent dem, was schon Freud gesehen hat. Alles, was in derselben Analysestunde geschieht und erzählt wird, betrachtet er als Assoziationen zum erzählten Traum, unabhängig davon, ob es vor oder nach dem Traum erzählt wurde, ob es inhaltlich dazu gehört oder nicht, ob es bedeutungsvoll oder als Nebensächlichkeit daherkommt. Nicht nur, was der Analysand erzählt, sondern auch alles, was er szenisch, mimisch oder gestisch darstellt, was er mit dem Analytiker anstellt und inszeniert, ist als Assoziation zum Traum zu betrachten. Dabei entsteht eine Wechselwirkung zwischen den formalen und strukturellen sowie den inhaltlichen Aspekten dieses Materials. Die formalen und strukturellen Aspekte sind nicht nur für die Ermittlung der ungerichteten Triebregungen aus dem Es wichtig, sondern auch für die Aufdeckung der Bewegungen der Zensur, der Methoden, mit denen sie arbeitet. Die inhaltlichen Aspekte der so verstandenen Assoziationen geben Hinweise für die Aufdeckung des Inhalts des zum unbewußten Ich gehörenden latenten Traumgedankens.

All dies ist möglich, weil wir es besser haben als Freud, der zuerst träumen und sich dann »autoerotisch« eine Analysestunde geben mußte. Die vereinbarte Analysestunde ist gleichsam schon da, während der Traum geträumt wird. Sie drückt dem Traum einen Stempel auf, der sich bei seiner Erzählung in formalen und strukturellen Aspekten zeigt, sowie in allen spontanen Äußerungen des Analysanden während derselben Stunde.

Nicht nur die Analysestunde ist schon da, sondern auch die Person des Analytikers. Ihm soll ja der Traum erzählt (oder auch verschwiegen) werden. Der Übertragungsaspekt, der unabhängig von der Traumlehre entwickelt wurde, kommt auf diesem Weg entscheidend in die Traumlehre hinein. Der Analytiker muß *zuerst* verstehen, wo und wie er selbst im Traum verarbeitet ist. Dies ist gleichsam die Eingangspforte, durch die er eintreten muß, um alle anderen Lebenserfahrungen, die im Traum mitverarbeitet sind, zu verstehen. »Weil es hochspezifisch ist, wann und wie gerade dieser Analysand gerade diesen Analytiker in gerade diesen Traum einbaut.«

Anders als im Traumseminar, wo Morgenthaler aus didaktischen Gründen vom »nackten« Traum ausging, machte er sich in der analytischen Situation selbstverständlich die ganze Fülle des assoziativen Materials zunutze. Soweit er einen Traum deutete, zeigte er dem Analysanden in der Regel auch, *wie* er auf die Deutung gekommen war. Er versuchte ihm transparent zu machen, welche formalen Gesichtspunkte für ihn wichtig waren, wie er damit umging, welche Einfälle des Analysanden und welche eigenen Einfälle er wie verarbeitete. Er verschwieg nur die Aspekte, vor allem strukturelle, die er zur Beurteilung der Frage verwendete, was er überhaupt deuten sollte und was nicht.

Durch dieses Vorgehen entstand eine handwerkliche Atmosphäre in den Analysestunden und nicht eine mystisch-undurchsichtige. Dies scheint im Widerspruch zu stehen mit der vielzitierten Stelle aus Freuds Schriften (GW Bd. VIII, S. 384): »Der Arzt soll undurchsichtig für den Analysierten sein und wie eine Spiegelplatte nichts anderes zeigen, als was ihm gezeigt wird.« Dazu bemerkte Morgenthaler: »Der Analytiker soll sich dazu entschließen und einigermaßen fähig sein, während der 50 Minuten mit dem Analysanden so unneurotisch wie möglich zu reagieren, seine eigenen Konflikte und Schwierigkeiten einigermaßen aus den Analysestunden herauszuhalten. Der zweite Teil des Satzes wird nämlich meist unterschlagen: Ein Spiegel muß wirklich etwas *zeigen*, und deshalb muß er *glänzen*. Der Analytiker darf im phallisch-exhibitorischen Bereich nicht gestört sein. Liest man die Krankengeschichte Freuds, kann man erkennen, daß er sein Handwerk den Analysanden so transparent wie möglich machte.«

Dieses »authentische« Zitat Morgenthalers illustriert, daß er sich uneingeschränkt in der Folge Freuds verstand. Wo er über ihn hinausging, geschah dies nie in revisionistischer Absicht. Ich sagte ihm einmal: »Sie kochen die Freudschen Konzepte so lange weiter, bis Sie deren dialektischen Gehalt so rein als möglich herausdestilliert haben.« Morgenthaler hat dem nicht widersprochen.

Mario Erdheim

Fritz Morgenthaler und die Entstehung der Ethnopsychoanalyse

Fritz Morgenthaler fing 1947 bei Rudolf Brun mit seiner Analyse an, kurz nachdem er aus Jugoslawien zurückgekehrt war, wo er sich zusammen mit Paul Parin und Goldy Parin-Matthèy am Wiederaufbau beteiligt hatte.

Goldy Parin-Matthèy erzählte:

Noch in Jugoslawien lasen wir in der Neuen Züricher Zeitung den Verriß eines psychoanalytischen Buches von Rudolf Brun. Da sagte ich zu Paul: »Siehst, zu diesem Analytiker müssen wir hin.« (...) Zuerst ging Paul, dann Fritz und schließlich ich zu Brun in die Analyse. (Nadig und Erdheim 1984: 324)

Was hieß es damals, nach all den Kriegsjahren und den Erfahrungen in Jugoslawien, Psychoanalytiker zu werden? Wie sah die Psychoanalyse aus, und welchen Stellenwert hatte sie in der Schweiz der Nachkriegszeit und der fünfziger Jahre?

Die Jahre der Ausbildung sind entscheidend, und zwar nicht nur durch das, was man lernt, sondern auch durch das, was man ablehnt und wovon man sich abgestoßen fühlt. Ausbildung ist immer Auseinandersetzung: der

Widerspruch treibt weiter. Es drängt sich der Versuch auf, die Situation zu rekonstruieren, aus welcher Morgenthaler denjenigen Widerspruch entwickelte, der zu seiner Theorie wurde, damit wir heute nicht, ihm widersprechend, lediglich dort landen, wovon er einst ausgegangen war.

Um mich in die Stimmung jener Jahre zu versetzen, griff ich zu alten, vom Zeitgeist durchtränkten »Du«-Heften und ließ mich von der Sehnsucht nach Geistigkeit, Schönheit und Ferne ansprechen, die sie vermitteln. Auf das erste Vergnügen des Wiedersehens von Dingen, die mich an meine eigene Kindheit erinnerten, folgte ein zunehmendes Unbehagen an der durchdringenden restaurativen Einstellung.

Als sich Morgenthaler zu jener Zeit auf die Psychoanalyse einließ, war sie in einem Zustand, in welchem sie dringend auf Religion und Philosophie angewiesen schien. Bei Erich Fromm (1950) zeigte sich, daß die Wendung zum Metaphysischen auch die ehemals progressiven Analytiker erfaßt hatte. In Zürich, wo sich bis dahin gar keine radikale linke psychoanalytische Fraktion gebildet hatte, war die Religion nie grundsätzlich in Zweifel gezogen worden, ihre Restauration fiel deshalb gar nicht besonders auf. Symptomatisch für diese Tendenzen war die Sigmund Freud gewidmete Nummer von »Du« (Oktober 1951). Das Titelblatt reproduzierte einen Ausschnitt aus Hieronymus Boschs »Hölle«, der rechten Flügelinnenseite seines Tryptichons »Garten der Lüste«. Freud – Hölle – Psychoanalyse – Garten der Lüste; im Inneren des Heftes werden die sieben Todsünden, ebenfalls von Bosch, wiedergegeben, und das alles vermittelt uns bereits eine Ahnung dessen, was mit der Psychoanalyse assoziert wurde. In seiner Einführung zum Heft lobte der Züricher Philosoph Walter Robert Corti zwar Freuds Leistungen, fand sie aber einseitig und deshalb überholt. »So ist Freuds Lehre vergänglicher als der gewaltige Impuls, der von ihr ausging«, schrieb er und beeilte sich, aufs Ewige zu sprechen zu kommen, dessen Vergänglichkeit sich jedoch schon in den sprachlichen Wendungen zeigt, mit denen es beschrieben wird.

In der Generationenfolge wird das Leibliche weitergegeben, in denen die einzelnen Ichpersonen aufwachen, die mehr sind als jenes. Kelche, die Flammen bergen und die selbst wieder zerfallen, wenn diese erlöschen. Sie kommen aus dem Grunde und gehen wieder zum Grunde, dort aber ist das ewige Leben.

In der gleichen Nummer schrieb Heinrich Meng, der Herausgeber des »Psychoanalytischen Volksbuches«, über Freuds Leben, Werk und Wirkung. Darin vergleicht er ihn mit Albert Schweitzer:

Der christliche Missionsarzt und Kulturethiker unterscheidet sich zwar von Freud durch sein Schweigen über den hypothetischen Todestrieb. Einig aber sind die beiden – scheinbar so entgegengesetzten bedeutenden Männer – im vollen Einsatz ihres Lebens für Wahrheit und Liebe, oder wie Freud sagt, für Gott Logos und Gott Eros.

Freud soll zwar, wie Schur versichert, Albert Schweitzer sehr geachtet haben, aber im Hinblick auf die Religion ist trotzdem kein größerer Gegensatz als derjenige zwischen den beiden denkbar. Wäre Freud jedoch tatsächlich ein Albert Schweitzer der Psychiatrie gewesen und hätte er den Eskimos die Grundzüge der Psychohygiene beizubringen versucht – dann freilich hätte man mit ihm keine Mühe gehabt. Auch Oskar Pfister, der pfarrherrliche Freund Freuds, gab sich in demselben Heft Mühe, die Psychoanalyse mit der Religion zu versöhnen.

Er (Freud) sah den Friedensschluß zwischen Christentum und Psychoanalyse voraus. Allein es fehlte ihm auf diesem wundervollen Gebiet, wie er auch zugab, wie in der Musik und anderen Geistesgebieten, jedes Miterleben und tiefere Verständnis. Warum durfte das Genie nicht auch seine Schranken haben?

Daß die Religion in der Nachkriegszeit eine wichtige Rolle spielte, mag nur den verwundern, der heute nicht merkt, daß sie wieder an Bedeutung gewinnt. Damals füllte sie das vom Antikommunismus geschaffene Denkvakuum. Da alles, was mit Dialektik, Materialismus und Geschichte zu tun hatte, als kommunistisch verdächtigt wurde, mußten die wichtigsten Instrumente, um den Faschismus zu begreifen, preisgegeben werden. Das auf diese Weise Unerklärliche breitete sich wie eine Stimmung aus und wurde zum unfaßbar Religiösen.

Der Verdacht, die Psychoanalyse sollte mit der Religion versöhnt werden, um ihre »Tiefe« zu bezeugen und so die gesellschaftliche Anerkennung zu erringen, greift jedoch zu kurz. Analytiker wie Meng oder Pfister waren viel zu eigenständig und eigenwilllig, als daß sie nur dem sozialen Prestige ihre Vernunft geopfert hätten. Die Nähe zur Religion ergab sich vielmehr aus einer Denk- und Erfahrungsschwäche. Die Denkschwäche äußerte sich im Auseinanderfallen von Kulturkritik und Therapie; es war, als ob das Denken nicht mehr imstande gewesen wäre, beides miteinander zu verknüpfen und gegenseitig zu vertiefen. Die Erfahrungsschwäche zeigte sich in der Beschränkung aufs Therapeutische im Sinne von »Helfenwollen«: Der ursprüngliche Impetus der Psychoanalyse, zu verstehen, was die Welt im Innersten zusammenhält, war zur wohlmeinenden und sozialengagierten Psychohygiene geworden. Noch anfangs der dreißiger Jahre hatte Freud zu Hilda Doolittle (1976: 49) gesagt:

Meine Entdeckungen sind nicht in erster Linie ein Allheilmittel. Meine Entdeckungen sind die Basis für eine sehr gewichtige Philosophie.

Aber die Not der Verfolgung und Emigration zerschlugen Freuds umfassenden Anspruch, und statt Zorn und Trauer breitete sich die religiöse Attitüde aus, die sich auch noch gut mit dem Positivismus des Helfenwollens vertrug.

Aber nicht nur die Religion, sondern auch die Philosophie, und zwar ausgerechnet diejenige Heideggers, bot sich als ein weiteres Surrogat für die zersplitterte Totalität an. In der Festschrift zum sechzigsten Geburtstag Heideggers schrieb Ludwig Binswanger (1949: 71f.), ein Freund Freuds, einen Beitrag über »Die Bedeutung der Daseinsanalytik Martin Heideggers für das Selbstverständnis der Psychiatrie«. Darin legte er dar, wie das »Sein des Psychiaters« interpretiert werden könnte; dessen Verhältnis zu den Patienten sei ein von »Sorge« und Liebe fundiertes.

Damit, fährt Binswanger fort, *greift das Psychiatersein wesenhaft über alles sachhaltige Wissen und sachgemäße Können hinaus, auch über das der Wissenschaft der Psychologie, Psychopathologie und Psychotherapie.* (...) *Zum Psychiatersein – wir meinen hier natürlich nicht zum Sein dessen, was man einen ›guten‹ Psychiater nennt, sondern zum Psychiatersein als solchem – gehört die Einsicht, daß kein Ganzes, und so auch nicht der ›ganze Mensch‹, auf dem Wege, d.h. mit den Methoden der Wissenschaft ›erfaßt‹ werden kann. Wenn das Psychiatersein aber angewiesen ist auf Begegnung und Verständigung mit dem Mitmenschen als Ganzem und gerichtet ist auf das Verständnis des Menschen in seiner Ganzheit, in der Koinonia (d. h. ›Verbindung‹, M. E.) seiner Seinsmöglichkeiten, und wiederum der Koinonia dieser Ganzheit mit den Seinsmöglichkeiten des Alls, so greift das Psychiatersein wesensmäßig über die rein ›theoretische‹ Seinsmöglichkeit des Menschen hinaus in die Richtung auf die Transzendenz überhaupt.*

Wenn Morgenthaler in seiner *Technik* – ein in metaphysisch empfindsamen Ohren ganz schrecklich anzuhörender Titel – immer wieder auf die eigene Konflikthaftigkeit des Analytikers zu sprechen kommt, so kämpft er auch gegen die philosophische Schimäre des »Psychiater-« bzw. »Analytiker-Seins« an. Über die persönliche Analyse des Analytikers schrieb Morgenthaler (1978: 14):

Diese eigene Analyse ist aber gewiß nicht deshalb eine Voraussetzung, weil der Analytiker dann als unneurotische Persönlichkeit einem neurotisch kranken Menschen helfen könnte. Eine solche Betrachtungsweise, die immerhin schon vertreten wurde, enthält die unausgesprochene Vorstellung, daß nur ein relativ konfliktfreier Mensch in einer gleichsam elitären Haltung in der Lage sei, einem konfliktvollen, psychisch gestörten Menschen zu helfen, die Probleme, die sich ihm stellen, zu lösen.

Um das Helfen geht es nicht in der Psychoanalyse – aber sollte nicht das Helfer-Syndrom (»Sorge« und »Liebe«) einer der Gründe für den Wunsch nach Religion und Philosophie sein? Wer sich helfend erschöpft, sich von seiner therapeutischen Tätigkeit gleichsam aushöhlen läßt, muß sich mit Religion oder Philosophie restaurieren, transzendieren.

Dazu kommt aber noch eine Angst, die gerade diejenigen Analytiker packt, denen es ums »Ganze« geht: Das alltägliche Banale, wovon der Analysand erzählt, könne doch nicht alles und das Letzte sein. In dieser Angst dürstet man nach Philosophie und ist bereit, auch noch dem einsamen Denker aus dem Schwarzwald tiefere Einblicke in das Menschliche zuzutrauen als sie in der psychoanalytischen Praxis möglich wären – und mit der Zeit trifft das tatsächlich zu.

Der philosophische Ansatz sollte dazu verhelfen, Freud besser zu verstehen, indem man über ihn hinauszugehen versuchte (Bally 1957). Zusammen mit Medard Boss gründete Gustav Bally das »Institut für ärztliche Psychotherapie«, dessen Aufgabe vor allem in der philosophisch untermauerten Ausbildung von Ärzten bestand. Der Wunsch, sich von der institutionalisierten Psychoanalyse abzuspalten, verwirklichte sich schließlich 1972 mit der Gründung des »Daseinsanalytischen Institutes« (Meerwein 1979).

Im bereits erwähnten »Du«-Heft schrieb auch noch Rudolf Brun, Morgenthalers Analytiker, einen Artikel über »Freuds Bedeutung für die Medizin und die Biologie«. Er vertrat einen biologischen Standpunkt und hob besonders den Umstand hervor, Freuds Lehrgebäude könne mit den streng experimentellen Methoden der Tierpsychologie bewiesen werden.

Die Trieblehre Freuds verdient also durchaus die Bezeichnung einer biologischen Psychologie, da sie sich nicht allein für die Psychologie des menschlichen Trieblebens, sondern auch für das Verständnis der tierpsychologischen Forschung als grundlegend erwiesen hat.

Herbert Marcuse (1955) hat Anfang der fünfziger Jahre auf die gesellschaftstheoretischen Aspekte hingewiesen, die sich in Freuds Biologismus verbergen, der ein tieferes Verständnis der Gesellschaft ermögliche als die oberflächlichen Soziologismen von Erich Fromm. Ähnliches läßt sich von Brun behaupten. Seine Hoffnung, die Richtigkeit der psychoanalytischen Triebtheorie anhand seiner Beobachtungen von Ameisen zu beweisen, hat etwas Skurriles, und – verglichen mit den Gedankenflügen der an der Philosophie und Soziologie orientierten Analytiker – etwas bäurisch Handgreifliches; aber offenbar war das eine Voraussetzung, um am Konzept des Unbewußten und der menschlichen Triebhaftigkeit festzuhalten. Der Biologismus diente in einer das »Geistige« restaurierenden Gesellschaft dazu, den für die Erforschung des Unbewußten notwendigen Widerspruch der etablierten Mächte hervorzurufen.

Warum das? Weil die neue Lehre behauptete, daß auch der Mensch, selbst der moderne Kulturmensch, nicht ›vom Himmel herabgefallen‹ sei, vielmehr das Erbgut seiner Vorfahren – die ›tierischen Triebe‹ – auch heute noch als schweres Bleigewicht, das ihn oft genug aufs peinlichste an dem ersehnten Aufschwung in die Regionen höherer Geistigkeit hindere; mit anderen Worten, daß er, der sich nachgerade immer mehr als unumschränkter Herr der Schöpfung fühlte, ›nicht einmal Herr im eigenen Hause‹ sei, daß demnach nicht allein sein tägliches Handeln, sondern auch sein geistiges Planen und Werten viel mehr, als, man bisher annahm, von dunklen, unbewußten Mächten beherrscht werde.

Einige Jahre später, 1959, veröffentlichte Brun im »Periodikum für Wissenschaftlichen Sozialismus« den Aufsatz »Ueber die Vereinbarkeit der Psychoanalyse mit dem dialektischen Materialismus«, der die Gedanken des »Du«-Aufsatzes von 1951 in Richtung auf den Marxismus hin weiterführte. Aber schon im gleichen Heft antwortete der New Yorker Marxist Harry K. Wells: »Weder materialistisch noch dialektisch«. Auch die Marxisten wollten nichts von der Psychoanalyse wissen, weder die amerikanischen noch die russischen.

Die Verhältnisse in Zürich müssen recht beengt gewesen sein, aber nun bot das Reisen die Möglichkeit, der Enge zu entfliehen. Diese Tendenz zeigte sich auch in den sonst auf Kultur und Kunst beschränkten »Du«-Heften – eine ganze Serie war Reisen in den U.S.A. und in Afrika gewidmet. Wer nach Amerika ging, der sollte wohl glauben, dort der Zukunft zu begegnen, wer jedoch Afrika wählte, den schien die Natur, das Ursprüngliche und Nackte zu erwarten. Die U.S.A.-Nummern sind voll von Wolkenkratzern, Straßen und unendlich vielen Autos; die Afrika-Nummern voll von Wüsten-Savannen, Urwaldbildern und tanzenden Schwarzen. Im Juli 1957 erschien Morgenthalers Aufsatz »Der schwarze Widerspruch«.

Ihn heute zu lesen, bedarf geradezu der Überwindung – so offensichtlich sind die darin vorkommenden Klischees. Das Reisen und die scheinbar unmittelbare Erfahrung führen nicht unbedingt zum Verständnis des Fremden, denn zuallererst bietet sich das Fremde als Projektionsleinwand an. Bernd Weyergraf (1981) und Helmut Stockhammer (1982) haben auf die strukturellen Ähnlichkeiten zwischen Hegels Beschreibungen Afrikas und Freuds Darstellungen vom Es hingewiesen. Je mehr weiße Flecken ein Kontinent aufweist, desto eher kann darauf all das projiziert werden, was man bei sich nicht wahrhaben will. Die Sicht aufs eigentlich Fremde wird erst frei, wenn eine Methode gefunden wird, um diese Projektionen rückgängig zu machen; diese Methode ist die Ethnopsychoanalyse. Was sie zu überwinden hatte, wird aus Morgenthalers frühem Aufsatz ersichtlich. Er schrieb:

Es ist unbestreitbar, daß der Neger in Afrika faul ist. Er arbeitet ungern und nachlässig. (...) Er kennt keine Pflicht, er kennt kein Schuldgefühl. Man kann es nicht leugnen: Der Neger ist primitiv, uneinsichtig, nicht erziehbar und gleichzeitig so naiv strahlend, daß man ihm gar nicht böse sein kann, selbst wenn man Schaden durch ihn erlitten hat.

Aber ebenso unbestreitbar ist, daß sich der gleiche schwarze Afrikaner vielleicht am gleichen Tag, ja in derselben Stunde völlig anders verhalten kann. Es ist erstaunlich, wie flink und geschickt er ist. Er arbeitet rasch und eifrig. (...) In erstaunlich kurzer Zeit kann eine Arbeit beendet sein. Dann gehen sie alle weg, und keiner fragt nach einer Prämie.

Es ist schon vieles über die Neger geschrieben worden. Was davon zutrifft, weiß ich nicht. Ich kann nur feststellen, daß in meiner Beziehung zum Neger das Erstaunlichste im Widerspruch liegt, in den ich geraten bin, als ich über ihn nachdachte.

Morgenthaler stellt die Gegensätze dar: den fehlenden Sinn für Materialien und die Faszination der Afrikaner vor der billigsten industriellen Ausschußware einerseits, andererseits aber das außerordentliche Formgefühl, wie es sich in den Masken zum Beispiel äußert. Er behauptet, der Afrikaner könne zwar nicht abstrakt denken, würde aber doch, etwa in den Tänzen, körperliche Metaphern finden, die von einem außerordentlichen Abstraktionsvermögen zeugten.

Der schwarze Afrikaner weiß, daß alles so ist, wie es sein muß. Wie es aber sein muß, wurde ihm im Brauch seines Stammes und keines anderen überliefert.

Er bringt Beispiele, die belegen sollen, wie stark die Kraft der Tradition und wie oberflächlich die Europäisierung ist.

So kann weder Strafe noch Zwang, weder Erziehung noch Nachahmung, weder Bekehrung noch Bildung das Gesetz des Brauches und der Tradition erschüttern. (...)

Weil es dunkel wurde, hielten wir an und machten ein Feuer. Es war an einsamer Stelle der weiten Savanne. Unser schwarzer Begleiter saß still neben uns, als Schakale in der Nähe zu heulen begannen. Da fragten wir den Schwarzen, ob uns die wilden Schakale im Schlafe nicht angreifen würden.

»Nein«, war die Antwort, »hier in unserem Lande ist es nicht wie bei euch zu Hause, hier greifen die Schakale den Menschen nicht an.«

An unserer Stelle hätte der Afrikaner nicht gefragt. In dieser Lage würde ihm ein bannendes Symbol zur Verfügung stehen. Ein Zauberzeichen würde ihn schützen. Für uns aber ist die Frage das bannende Symbol, und die befriedigende Antwort ist unser Schutz. Bannender Zauber gehört zum festen Besitz der schwarzen Generationen. (...) *Er kommt überliefert vom Vater, vom Dorfchef und von den Ältesten im Clan. Und genau so ist es auch bei uns, nur sind unsere bannenden Symbole und Zaubereien durch die innere Forderung einer selbständigen Leistung, die wir von uns erwarten, von den überliefernden Vätern losgelöst. Der schwarze Afrikaner ist für den Fremden so widerspruchsvoll, weil er mit selbstverständlicher Sicherheit in seiner statisch überlieferten Tradition steht und im Einklang mit sich selbst lebt. Er hat eine kugelrunde Seele.*

Ich zitiere so ausführlich aus diesem vergessenen Aufsatz Morgenthalers, weil er eine erste Weggabelung in Richtung auf die Ethnopsychoanalyse markiert. Zuerst einmal fallen einem die gängigen, auch für die fünfziger Jahre typischen Klischees vom »Neger« auf, und man denkt an ethnologische Bücher wie Placide Tempels

Bantu-Philosophie (1956), oder Janheinz Jahns *Muntu* (1958); es war die Zeit, in der sich die (letztlich kolonialistische) Idee der Négritude ausbreitete. Auch die Vorstellung der »kugelrunden Seele« paßte gut da hinein. Andererseits aber war die kapitalistische Durchdringung Afrikas unübersehbar, und in jenen Jahren begann auch das Schweizer Kapital, sich verstärkt in Afrika, besonders in Südafrika, zu engagieren. Morgenthaler exotisierte die Verhältnisse, und insofern entsprach sein Aufsatz durchaus dem Zeitgeist.

Liest man aber den Text aus heutiger Sicht, auch mit dem Wissen von Morgenthalers späteren Interessen, so drängt sich eine Ähnlichkeit auf zwischen dem, wie er einst den Afrikaner und später die Triebhaftigkeit im Es beschrieb: kein Pflicht- und Schuldgefühl, nicht erziehbar, strahlend und verführend. Auch der Satz, den er den »schwarzen Afrikanern« zuschrieb, nämlich, »daß alles so ist, wie es sein muß«, ist ein Satz, den Morgenthaler immer wieder verwendete, um Analytisches zu erklären. In gewisser Hinsicht bestand die ethnopsychoanalytische Arbeit auch darin, kulturell gestützte, uralte Projektionen (Afrika, der schwarze Kontinent, als Inbegriff des Es) zurückzunehmen und damit auch die eigene Person. Eine Voraussetzung dafür war der Satz, der gleichsam eine Keimzelle der Ethnopsychoanalyse darstellte:

Ich kann nur feststellen, daß in meiner Beziehung zum Neger das Erstaunlichste im Widerspruch liegt, in den ich geraten bin, als ich über ihn nachdachte.

Hier setzte die Tendenz ein, das beobachtende Subjekt selber als Teil der Beobachtung aufzufassen, und damit verwandelte sich das, was aus Abenteuerlust und Interesse am Fremden angefangen hatte, ins Ethnopsychoanalytische. Dazu reichte es aber nicht mehr aus, unruhig von einem Ort zum anderen zu reisen, sondern es wurde nötig, die Beziehungen an Ort und Stelle psychoanalytisch zu vertiefen.

Psychoanalysieren, das Sich-Einlassen auf das eigene und fremde Unbewußte, ist eine verunsichernde, manchmal auch angsterregende Tätigkeit (Devereux 1973). Das klassische Setting soll zwar eine gewisse Beruhigung ermöglichen, gleichwohl besteht aber die Neigung, zusätzliche Sicherheiten zu schaffen. Indem man sich als Arzt oder Psychologe mit der *Rolle* des Therapeuten identifiziert, und den Heilungsauftrag übernimmt, folgt man »bewußt oder unbewußt dem Leistungsprinzip, das in unserer Gesellschaft als wegweisend für Erfolg, psychische Gesundheit und unneurotisches Verhalten gilt«. (Morgenthaler 1978: 15) Durch diese kulturelle Anpassung weitet sich das psychoanalytische Setting über die analytische Situation hinaus auf die imaginierte Gesellschaft aus und erzwingt vom Analytiker eine zunehmend konservativ werdende Haltung. Er muß auf die Bewahrung der gesellschaftlichen Verhältnisse so achten, als ob *sie* das Setting wären, um die Analyse durchführen zu können. Eine Konsequenz daraus ist auch der Umstand, daß Analytiker, um nicht aus der Fassung zu geraten, Analysanden bevorzugen, die ihnen gleichen und also nichts infragestellen werden. F. C. Redlich (1959: 497) sprach deshalb die Empfehlung aus,

daß die Werte des Therapeuten und des Patienten nicht zu weit voneinander entfernt sein und nicht im wesentlichen einander entgegenstehend sein dürfen. Unsere therapeutischen Erfahrungen bestätigen das; wir können Patienten mit extremen und aktiven politischen, religiösen und sozialen Gesichtspunkten, nur mit großen Schwierigkeiten oder gar nicht behandeln, und wir sind ebenso schwer be-

hindert, wenn der Patient extreme ethische Anschauungen hegt, die mit denen des Analytikers unvereinbar sind.

Neben diesen geradezu kultur- und klassen-inzestuösen Einstellungen, zeichneten sich am Rande der institutionalisierten Psychoanalyse fremdenfreundlichere Tendenzen ab. Georges Devereux (1951) arbeitete mit Prärie-Indianern, Werner Münsterberger (1951) mit in die U.S.A. eingewanderten Chinesen und Erich Simenauer (1962) mit Bantus in Ostafrika. Aber sie alle beriefen sich bei ihrer psychoanalytischen Arbeit auf die *therapeutische* Legitimation. Das Bahnbrechende an Morgenthalers und Parins Idee war, die psychoanalytische Methode im Rahmen der Ethnologie einzusetzen. Damit wurde es möglich, den Verfremdungsprozeß wieder einzuleiten, der notwendig ist, um Unbewußtes zu erkennen.

Eine Voraussetzung für Freuds Entdeckung des Unbewußten war sein »soziales Sterben« (Erdheim 1982), also jener Prozeß, der ihn zu einem Verzicht all jener prestigebesetzten Rollen zwang, an denen sein Ehrgeiz hing. Die Sonne sozialen Ansehens macht den Sternenhimmel des Unbewußten unsichtbar: Als Psychiater und Akademiker mußte man besonders die Grenzen zwischen Vernunft und Wahnsinn betonen, und, identifiziert mit dem Staat, sah man überall Simulanten, Betrüger, willensschwaches Gesindel und biologisch Degenerierte. Nur in dem Maße, in dem der Verfremdungseffekt des sozialen Sterbens, die gesellschaftlich anerkannte Psychiaterrolle fragwürdig machte, sich also die Identifikation mit ihr lockerte und die mit dem Patienten ermöglichte, wurde die unbewußte Dimension allen Geschehens faßbar. Freuds Leistung wurde zur Basis eines neuen Berufs, einer neuen Rolle: der des Psychoanalytikers. Aber lassen sich die Verfremdung und das Erkennen des Unbewußten institutionalisieren?

In den fünfziger Jahren schien diese Frage wenigstens in den U.S.A. positiv beantwortbar; ein Jahrzehnt später allerdings mokierte sich K. R. Eissler (1965: 100) darüber, daß sich damals die Selbstdarstellungen psychoanalytischer Gesellschaften wie Jahresberichte erfolgreicher industrieller Unternehmen lasen. Die Psychoanalyse war zum sozial anerkannten, das hieß auch finanziell lohnenden Beruf geworden, und ihr Wissen schien zum Allgemeinwissen diffundiert zu sein. Aber es war, als hätte die neu gewonnene Macht die einstige Explosivkraft der psychoanalytischen Konzepte entschärft. Vom Todestrieb sprachen nur die randständigen Anhänger Melanie Kleins, das Triebhafte überhaupt verflüchtigte sich zum Affektiven, der Ödipuskomplex wurde uminterpretiert zu den Schwierigkeiten, die Kinder mit ihren Eltern haben, Konflikte lösten sich in bloße Spannungen auf, und der psychologische Prozeß tendierte dahin, pädagogisch zu werden, um die Patienten den gegebenen Umständen anzupassen. Woody Allan verkörperte wohl den idealen Stadtneurotiker für diese Art Analyse, deren üble Wirkungen offenbar mit viel Humor neutralisiert werden konnten.

Der psychoanalytische Prozeß ist außerordentlich störanfällig; daraus ergibt sich auch die Notwendigkeit, ihn gegen die Realität abzuschirmen. Wo das aber allzugut gelingt, und die Analyse zur störungsfreien Routine wird, zersetzt sich der psychoanalytische Prozeß, und die einzuhaltenden Konventionen verschütten das Verständnis des Unbewußten. Es wäre eine für die Ethnologie der Psychoanalyse interessante Frage, aufgrund welcher Maßnahmen Analytiker die Routinisierung ihrer Tätigkeit zu verhindern versuchen. Das Bedürfnis nach Religion, Philosophie und Linguistik mag hier einen seiner Gründe haben. In der Regel geben sie aber lediglich einen Trost für die Allmachtsphantasien des Therapeuten ab, dem die Routinisierung seiner Tätigkeit immer gleichgültiger wird. Sicherlich rief Freud auch in diesem Zusammenhang dem Analytiker zu, sich von Zeit zu Zeit, »zum Objekt der Analyse« zu machen. (Freud 1937: 96)

Eine fruchtbare Rolle mag dabei die psychoanalytische Gemeinschaft spielen: in Seminaren und Diskussionen, in der Konfrontation der eigenen Ansichten mit denjenigen der Kollegen können Analytiker sich ihrer beginnenden Erstarrung bewußt werden. Voraussetzung dafür ist allerdings, daß das Fehlen der Hierarchie die Diskussion auch ermöglicht. In Zürich herrschten Anfang der fünfziger Jahre besonders günstige Verhältnisse: Die Gruppe, die sich sicherlich auch mangels eines entsprechenden Lehrinstituts zum »Psychoanalytischen Kränzli« zusammenfand (vgl. S. 90 dieses Bandes), konnte es sich leisten, die Psychoanalyse sich so anzueignen, als ob sie sie erfunden hätte. Es war, wie Goldy Parin-Matthèy einmal beschrieb, eine Art »Brüdergemeinde«, die, wenn sie auch später zerfiel, einen Maßstab setzte.

Solche Gruppen sind *eine* Möglichkeit, die Routine zu durchbrechen. Es gibt sicherlich auch andere, nicht zuletzt diejenigen, sich den großen Gestalten der Vergangenheit zuzuwenden, um sie in ihren Äußerungen zu verstehen. Es scheint aber, daß keine Lösung auf die Dauer zu befriedigen vermag. Freud soll auf Kardiners Frage, ob er ein guter Analytiker sei, 1922 geantwortet haben:

Ich bin froh, daß Sie mich fragen, denn offengestanden interessiere ich mich nicht sehr für therapeutische Probleme. Ich bin heute viel zu ungeduldig. Ich habe mehrere Nachteile, die mich zum großen Analytiker ungeeignet machen. Einer davon ist, daß ich zu sehr Vater bin. Zweitens bin ich die ganze Zeit viel zu sehr mit theoretischen Problemen beschäftigt, so daß ich bei jeder Gelegenheit an meinen theoretischen Problemen arbeite, anstatt auf die therapeutischen Probleme zu achten. Drittens habe ich nicht die Geduld, Leute lange zu behalten. Ich werde ihrer müde, und ich möchte meinen Einfluß ausbreiten. (Kardiner 1979: 81)

Freuds Antwort verweist auf die eine Seite des Widerspruchs, welcher der psychoanalytischen Arbeit inhärent ist: einerseits die notwendige Vertiefung der Beziehung zu Analysanden (darüber sagt Freud hier zwar nichts, wie wichtig es für ihn aber gewesen sein muß, geht daraus hervor, daß er bis kurz vor seinem Tod Analysen durchführte) und andererseits die ebenso notwendige Objektivierung der Erfahrung zur Theorie, wobei aber nicht nur die eine Tätigkeit bruchlos in die andere übergeht, sondern sie sich auch gegenseitig infragestellen.

In gewisser Hinsicht kann die Ethnopsychoanalyse als ein Versuch, diese Widersprüche aufzufangen und einer produktiven Lösung zuzuführen, betrachtet werden. Durch die Versetzung der psychoanalytischen Tätigkeit in eine dem Analytiker fremde Kultur kommt ein ähnlich verblüffender Effekt zustande, wie einst bei der Einführung der bekannten Anordnung: Analysand auf der Couch liegend, Analytiker dahinter sitzend. Damals brachte diese Anordnung Freud die nötige Entlastung, um auf die Unbewußtheit schaffenden, durch den Blickkontakt aufrechterhaltenen Konventionen zu verzichten und seine gleichschwebende Aufmerksamkeit auf die freien Assoziationen des Analysanden zu richten. Das Setting entlastete Freud von den Rollen des Hausarztes, Priesters, Vertrauten, etc. Das ethnologische Setting hat nun eine ähnlich entbindende Funktion, und zwar von der therapeutischen Aufgabe, die in unserer Kultur die wichtigste Legitimation abgibt, um sich *im Rahmen einer sozialen Beziehung* mit dem Unbewußten auseinandersetzen zu dürfen. Wo das Therapeutische in den Hintergrund tritt, ebenso wie der Leidensdruck als vermeintliches Motiv zur Analyse, da gewinnen die Psychodynamik und das Sexuelle an Bedeutung. Die (wie einst in Wien) zeitlich auf einige Monate beschränkten Analysen in der fremden Kultur erweisen sich als ein wirksames Mittel gegen die Routinisierung der Psychoanalyse in der eigenen Kultur.

Die Situation der Feldforschung löst zuerst einmal die Identifikation mit der *Rolle des Analytikers* auf. Sammy Speier (1983) beschrieb die initiationsähnlichen Rituale, die zu seiner Ausbildung gehörten; Ehebald (1985: 176) beklagt ebenfalls die Folgen des elitären psychoanalytischen Ausbildungsganges, er zitiert Klauber:

Für viele Jahre funktioniert der jüngere Psychoanalytiker – oder es war wenigstens bei mir so – zu einem Teil mit einem analytischen falschen Selbst. Dies kann zu psychoanalytischer Leblosigkeit und Rigidität oder zur Revolte führen.

Wäre »Revolte« wirklich eine negative Folge? Ich will aber annehmen, Klauber deutet damit lediglich an, ein analytisches falsches Selbst (das ja das Ergebnis einer Rollenidentifikation darstellt) führe dazu, der Psychoanalyse den Rücken zu kehren; oder sich aber – möchte ich hinzufügen – noch stärker, sozusagen auf Gedeih und Verderben, mit der Institution zu identifizieren. Der Situation der Feldforschung widersteht in der Regel keine solche Identifikation.

Von den theoretischen Gewinnen der Ethnopsychoanalyse will ich hier nichts schreiben, sondern von den Folgen für die Psychoanalyse und deren Ausübung bei *uns*. Ein kurzer Vergleich zwischen Charles Brenners *Praxis der Psychoanalyse. Psychischer Konflikt und Behandlungstechnik* (1976) und Fritz Morgenthalers *Technik. Zur Dialektik der psychoanalytischen Praxis* (1978) soll zwei Tendenzen der Psychoanalyse verdeutlichen. Für Brenner ist die »Triebfeder« der analytischen Einstellung »zutiefst therapeutisch«:

Was ein Analytiker über die Konflikte seiner Patienten in Erfahrung bringt, sucht er ihnen in der Erfahrung zu vermitteln, daß dieses sein Vorgehen die Konflikte derart verändern wird, daß die Symptome, die sie hervorgerufen haben, sich bessern oder gar verschwinden. (Brenner 1979: 38)

Nach diesem Modell der Psychoanalyse entsteht die Bewegung, welche schließlich zur »Heilung« führen sollte, durch den Leidensdruck des Patienten einerseits und durch den therapeutischen Willen des Analytikers andererseits. Brenner führt das Beispiel einer 29jährigen Frau an, die seit sechs Jahren in Analyse ist. Vor der Analyse unterhielt sie nur zu Frauen sexuelle Beziehungen; im Verlauf der Analyse hatte sie dann zum ersten Mal sexuellen Kontakt zu Männern, aber sie nahm immer wieder homosexuelle Beziehungen auf, das letzte Mal, als der Analytiker in Urlaub gefahren war. Nach seiner Rückkehr nahm er das Durcharbeiten der alten Konflikte erneut auf, und als er ihr deutete, sie versuche ihn, wie einst ihre Eltern, dazu zu bringen, ihr etwas zu verbieten, wogegen sie sich auflehnen könne, ließ sie

während der darauffolgenden Woche (...) *eine Reihe Veränderungen erkennen:*

1. Sie beendete ihre homosexuelle Beziehung

2. *Sie gab sich in ihrer Kleidung und ihrem Verhalten weiblicher als zuvor*
3. *Sie begann, sich mit einem Mann zu treffen*
4. *Sie bat einen älteren Kollegen, offensichtlich eine Vaterfigur, sie als Schülerin aufzunehmen (...)*
5. *Sie war viel weniger wütend auf ihren Analytiker, und ihr ging auf, daß sie ihm näherzukommen wünschte. (ebd. 65)*

Punkt 6, 7, und 8 übergehe ich, da 1–5 ausreichen, um die Problematik dieser Art Analyse zu erörtern. Der Analytiker muß immer wie gebannt auf die Fortschritte der Analysanden achten: 1., 2., 3., ... Es fällt zudem auf, daß die Veränderungen der Analysandin genau dem entsprechen, was auch die Gesellschaft als »normal« bezeichnet; es wird nicht einmal die Frage aufgeworfen, ob die Frau die Sexualität mit Männern auch als befriedigende erlebt – das versteht sich ja von selbst. Brenner, der vorgibt, die psychische Realität sei die wichtigere (ebd.: 20), wird plötzlich ganz objektivistisch, und das Subjekt geht ihm völlig verloren: Die Konflikte werden gleichsam selbstständig, und er interessiert sich gar nicht mehr für die Art und Weise, wie die Subjekte sie erleben.

Der Objektivismus der therapeutischen Einstellung schlägt auch auf den Therapeuten zurück – er ist auf seine Rolle reduziert und ebensowenig Subjekt wie der Analysand. Kein Wunder, daß die ganze Psychodynamik sich auf die Rechthaberei des Analytikers beschränkt. »Dies Buch«, schreibt Brenner in der Einführung, »ist für praktizierende Analytiker in Gegenwart und Zukunft geschrieben. Es wendet sich an jeden Studierenden, der sich in psychoanalytischer Technik ausbildet« (ebd.: 10). Wer Wissenschaftler ist, muß immer davon ausgehen, daß seine Ergebnisse überholt werden, er schreibt also nur für die Gegenwart, hoffend, daß sein Werk ein Beitrag zur Überwindung dessen ist, was es verkörpert. Für die Zukunft schreiben nur Philosophen oder Propheten. Und da sind wir wieder in der Problematik, die uns an die fünfziger Jahre gemahnt.

Es ist die Psychoanalyse, wie sie Brenner in exemplarischer Form vertritt, die den Griff zur Philosophie oder Theologie notwendig macht. Wer die Subjektivität derart verleugnet, muß sie in anderer Form wieder einbeziehen; wer positivistisch objektive Strukturen feststellen will, den kann plötzlich der Zwang zu unkontrollierbaren Spekulationen packen. Ludwig Binswanger versuchte es mit Heidegger, und daraus entstand die Daseinsanalytische Schule. Ist die Entwicklung des Lacanismus nicht auch aus ähnlichen Voraussetzungen heraus erklärbar?

Über die Psychoanalyse schreibt Morgenthaler in seinem *Technik*-Buch:

Es geht vielmehr um eine Erweiterung des Erlebnisbereiches sowohl beim Analytiker wie bei seinem Analysanden, die zu einer Flexibilität und Elastizität in der Beurteilung der eigenen Konflikthaftigkeit führt. (...) *Die Erfahrung der eigenen Analyse ist in erster Linie die Erfahrung der Begrenztheit, der Beschränkung auf Weniges, das veränderbar ist. Das allermeiste ist so, wie es ist, so, wie es schon immer war.*

Nun ist es nicht mehr ein »schwarzer Afrikaner«, der den letzten Satz spricht, sondern Morgenthaler selber. Er versuchte, die Psychoanalyse von ihrer Einschränkung aufs Therapeutische zu befreien, dabei aber nicht auf die analytische Beziehung zu verzichten. Er wußte, daß das Aufgeben der genuin psychoanalytischen Erfahrung die Psychoanalyse leicht ins Ideologische abgleiten läßt.

Ich meine, schrieb er an H. Kohut, *da gibt es gar nichts anderes, als ganz dicht an der Auseinandersetzung der beiden Partner im analytischen Prozeß zu bleiben und die Dialektik in der sich entwickelnden Beziehung so in den Mittelpunkt zu stellen, daß ideologische und weltanschauliche Interpretationen keinen Platz mehr haben. (1981: 4)*

Dadurch, daß diese Beziehung nicht mehr unter dem Primat des Therapeutischen stand, konnte das Es vermehrt in den Mittelpunkt des Interesses rücken. In der Regel unterscheidet man in der Geschichte der Psychoanalyse zwei Phasen: bis 1920 ist sie Es-Psychologie und danach Ich-Psychologie. Morgenthaler, der ein entschiedener Verfechter der Ich-Psychoanalyse war, versuchte in den letzten Jahren, ausgehend von seiner Beschäftigung mit Homosexualität und Perversion, eine Reformulierung der Strukturtheorie zu leisten. Es faßt das Es als reines Energiepotential auf, als Primärprozeß:

Dieses primärprozeßhafte Triebliche macht die Gestimmtheit des Individuums aus, ist freischwebende Vitalität. Das einzig Dranghafte an den Vorgängen des Primärprozesses ist das Lebendige, das aufrechterhalten wird und weitergehen soll. Von einem Wiederholungszwang und auch von der Befolgung eines Lustprinzips kann innerhalb der Vorgänge des Primärprozesses überhaupt nicht gesprochen werden, denn da gibt es weder Ziel, noch Bedingungen, noch Zeit. Das Merkmal des Primärprozesses ist seine Ungerichtetheit. Das Ungerichtete ist das, was antreibt, Neues zu finden. (1983: 146)

Dem Ich, und zwar den unbewußten Anteilen, ordnete er den Wiederholungszwang ebenso wie die Verfolgung des Lustprinzips zu. Auch die Mechanismen der Traumarbeit, Verschiebung, Verdichtung, Inszenierung zählte Morgenthaler zu den Ich-Leistungen. Bei diesen Umformulierungen ist mancher Widerspruch ungeklärt geblieben. So spricht Morgenthaler im Aufsatz über Traumdiagnostik zum Beispiel von einer »dialektischen Wechselwirkung zwischen Primär- und Sekundärprozeß«, wobei nicht deutlich wird, wie der Primärprozeß durch »ungerichtete Bewegung« beeinflußt werden könnte – dann bekäme er eine Richtung und wäre eben kein Primärprozeß mehr. Aber Unstimmigkeiten ändern nichts an der grundsätzlichen Annahme, daß der psychoanalytische Prozeß von der emotionalen Bewegung getragen wird, und daß die psychoanalytische Technik »nur« darin besteht, dieser Bewegung einen Raum zu schaffen, damit sie nicht durch sekundärprozeßhafte Erwägungen abgewürgt wird.

Mit seinen, aus der psychoanalytischen Beziehung heraus entwickelten Arbeiten, eröffnete Morgenthaler neue Perspektiven

- der *Traumdeutung*, indem er sie besser in den psychoanalytischen Prozeß einpaßte und als eine Art Katalysator des Emotionalen benutzte;
- der psychoanalytischen *Technik*, indem er von der libidinösen Bewegung ausging und damit den Analytiker, der dazu neigt, in seiner Rolle zu erstarren, in eine, seinem Beruf gemäßere schöpferische Unruhe versetzte;
- der *Ethnopsychoanalyse*, indem er die Gesprächsbeziehung in den Mittelpunkt stellte. Dadurch machte er sie zu einer neuen Erfahrungsform, dank welcher unbewußte Strukturen einer Kultur untersucht werden können.

BALLY, G.: Mensch und Welt in der Auffassung Sigmund Freuds. In: Adorno, Th. W. u. Dirks, W. (Hrsg.): Frankfurter Beiträge zur Soziologie, Bd. 6, Freud in der Gegenwart. Europäische Verlangsanstalt, Frankfurt: 229–251. 1957

BINSWANGER, L.: Die Bedeutung der Daseinsanalytik Martin Heideggers für das Selbstverständnis der Psychiatrie. In: Martin Heideggers Einfluß auf die Wissenschaften. A. Francke, Bern: 58–72. 1949

BRENNER, CH.: Praxis der Psychoanalyse. Psychischer Konflikt und Behandlungstechnik. S. Fischer, Frankfurt a. M. 1979 (engl. 1976)

BRUN. R.: Freuds Bedeutung für die Medizin und die Biologie. In: »Du«. Schweizerische Monatsschrift. 11. Jg. Oktober 24–26. 1951

DEVEREUX, G.: Reality and Dream. Psychotherapy of a Plain Indian. Doubleday, New York 1969, 1. Aufl. 1951

– Angst und Methode in den Verhaltenswissenschaften. Hanser, München 1973

DOOLITTLE, H. (H. D.): Huldigung an Freud. Rückblick auf eine Analyse. Ullstein, Berlin, Frankfurt, Wien 1976

EHEBALD, U.: Gedanken über einige Versuchungen des Psychoanalytikers in der heutigen Gesellschaft der Bundesrepublik. In: Friedrich, V. u. Ferstl, H.: Bruchstellen der Psychoanalyse. Fachbuchhandlung für Psychologie, Hamburg: 173–203. 1985

EISSLER, K. R.: Medical Orthodoxy and the Future of Psychoanalysis. International Universities Press, New York 1965

ERDHEIM, M.: Die gesellschaftliche Produktion von Unbewußtheit. Eine Einführung in den ethnopsychoanalytischen Prozeß. Suhrkamp, Frankfurt a. M. 1982

FREUD, S.: Die endliche und die unendliche Analyse. In: G. W. XVI: 56–99. 1937

FROMM, E.: Psychoanalyse und Religion. Diane, Zürich, Konstanz 1966

KARDINER, A.: Meine Analyse bei Freud. Kindler, München 1979 (engl. 1977)

MARCUSE, H.: Triebstruktur und Gesellschaft. Suhrkamp, Frankfurt a. M. 1965

MEERWEIN, F.: Reflexionen zur Geschichte der Schweizerischen Gesellschaft für Psychoanalyse in der deutschen Schweiz. Bulletin

Nr. 9 der Schweizerischen Gesellschaft für Psychoanalyse: 25–39. 1979
MENG, H.: Sigmund Freud. Lebensweg, Lebenswerk, geistige Haltung. In: »Du«. Schweizerische Monatsschrift, 11. Jg. Oktober: 19–21. 1951
MORGENTHALER, F.: Der schwarze Widerspruch. In: »Du«. Schweizerische Monatsschrift, 17. Jg. Juli: 60–66. 1957
– Technik. Zur Dialektik der psychoanalytischen Praxis. Syndikat, Frankfurt a. M. 1978
– Brief an Heinz Kohut. In: Journal Nr. 4: 3–5. Psychoanalytisches Seminar Zürich. 1981
– Sexualität und Psychoanalyse. In: Morgenthaler F.: Homosexualität, Heterosexualität, Perversion. Qumran, Frankfurt a. M.: 137–165. 1984
MUENSTERBERGER, W.: Oralität und Abhängigkeit. In: Münsterberger, W. (Hrsg.): Der Mensch und seine Kultur. Kindler, München: 170–205. 1974, 1. Aufl. 1951
NADIG, M. u. Erdheim, M.: Frauen Leben Psychoanalyse. Gespräche mit Marie Langer-Glas und Goldy Parin-Matthèy. In: Lohmann, H. M. (Hrsg.): Die Psychoanalyse auf der Couch. Qumran, Frankfurt a. M. 1984
PARIN, P.: Das Ich und die Anpassungsmechanismen. In: Psyche 31. Jg., Heft 481–515. 1977
PFISTER, O.: Sigmund Freud und die Geisteswissenschaften. In: »Du«. Schweizerische Monatsschrift, 11. Jg., Oktober: 21–24. 1951
REDLICH, F. C.: Die Psychoanalyse und das Wertproblem. In: Psyche XIII: 481–498. 1959
SIMENAUER, E.: Ödipuskonflikt und Neurosenbedingungen bei den Bantu Südafrikas. In: Jahrbuch der Psychoanalyse Bd. 2, Westdeutscher Verlag, Köln 1962
SPEIER, S.: Gedanken zur Ausbildung oder Wie man Analytiker wird. In: Lohmann, H. M. (Hrsg.): Das Unbehagen in der Psychoanalyse. Qumran, Frankfurt a. M.: 104–110. 1983
STOCKHAMMER, H.: Schnappschüsse in Schwarzweiß oder: Wo liegt Afrika? Kolonialistische Denkformen in Hegels Geschichtsphilosophie und Freuds Metapsychologie. In: Unter dem Pflaster liegt der Strand 15, Karin Kramer, Berlin: 125–159, 1985 (1982)
WEYERGRAF, B.: King Kong und Afrika. Vortrag am Ethnologischen Seminar, Universität Zürich. 1981

Reihe Campus

Daniel Bell
Die nachindustrielle Gesellschaft
Band 1001:
1985. 392 Seiten

Lutz Franke (Hg.)
Menschlich wohnen
Band 1002:
1985. 168 Seiten

Käte Frankenthal
Jüdin, Intellektuelle, Sozialistin
Lebenserinnerungen einer Ärztin in Deutschland und im Exil
Band 1003:
1985. 256 Seiten

Joel Kovel
Kritischer Leitfaden der Psychotherapie
Band 1004:
1985. 312 Seiten

Oskar Negt
Lebendige Arbeit, enteignete Zeit
Politische und kulturelle Dimensionen des Kampfes um die Arbeitszeit
Band 1005:
1985. 312 Seiten

Stephan Quensel
Mit Drogen leben
Erlaubtes und Verbotenes
Band 1006:
1985. 177 Seiten

Dieter Bartetzko
Architektur kontrovers
Schauplatz Frankfurt
Band 1007:
1986. 192 Seiten mit 35 Abb.

Hermann Bausinger
Volkskultur in der technischen Welt
Band 1008:
1986. 228 Seiten

Jörg Tröger (Hg.)
Hochschule und Wissenschaft im Dritten Reich
Band 1009:
1986. 140 Seiten

Daniel Bell
Die Sozialwissenschaften seit 1945
Band 1010:
1986. 204 Seiten

K.-W. Brand, D. Büsser, D. Rucht
Aufbruch in eine andere Gesellschaft
Neue soziale Bewegungen in der Bundesrepublik
Band 1011:
1986. 320 Seiten

Karl-Heinz Kohl
Exotik als Beruf
Erfahrung und Trauma der Ethnographie
Band 1012:
1986. 152 Seiten

Paul Lüth
Von der stummen zur sprechenden Medizin
Über das Verhältnis von Patient und Arzt
Band 1013:
1986. 222 Seiten

Henner Hess
Rauchen
Geschichte, Geschäfte, Gefahren
Band 1014:
1987. 192 Seiten mit 25 Abbildungen

Albert Mehrabian
Räume des Alltags
Wie die Umwelt unser Verhalten bestimmt.
Band 1015:
1987. 184 Seiten

Peter L. Berger, Brigitte Berger, Hansfried Kellner
Das Unbehagen in der Modernität
Band 1016:
1987. 212 Seiten

André Malraux
Das imaginäre Museum
Band 1017:
1987. 120 Seiten

Benedict Anderson
Die Erfindung der Nation
Zur Karriere eines folgenreichen Konzepts
Band 1018:
1988. 216 Seiten

Luciano Mecacci
Das einzigartige Gehirn
Über den Zusammenhang von Hirnstruktur und Individualität
Band 1019:
1988. 200 Seiten. 37 Abbildungen

Joachim S. Hohmann
Geschichte der Zigeunerverfolgung in Deutschland
Band 1020:
1988. 248 Seiten

Oskar Negt
Die Herausforderung der Gewerkschaften
Plädoyers für die Erweiterung ihres politischen und kulturellen Mandats
Band 1021: 1989.
Ca. 200 Seiten

John Allen Paulos
Ich lache, also bin ich
Einladung zur Philosophie
Band 1022:
1988. 176 Seiten

Bernhard Groethuysen
Philosophie der Französischen Revolution
Mit einem Nachwort von Eberhard Schmitt
Band 1023:
1989. 210 Seiten

Frank Niess (Hg.)
Interesse an der Geschichte
Band 1024:
1989. 143 Seiten

Mathias Greffrath (Hg.)
Die Zerstörung einer Zukunft
Gespräche mit emigrierten Sozialwissenschaftlern
Band 1025:
1989. 317 Seiten

Bernhard Lutz
Der kurze Traum immerwährender Prosperität
Eine Neuinterpretation der industriell-kapitalistischen Entwicklung im Europa des 20. Jahrhunderts
Band 1026:
1989. 283 Seiten

Benjamin B. Ferencz
Wege zum Weltfrieden
Band 1027: 1989.
204 Seiten

Charles Perrow
Normale Katastrophen
Die unvermeidlichen Risiken der Großtechnik
Band 1028:
1989. 434 Seiten

Tibor Scitovsky
Psychologie des Wohlstands
Die Bedürfnisse des Menschen und der Bedarf der Verbraucher
Band 1029:
1989. 252 Seiten

Campus Verlag – Frankfurt am Main